『記録映画』解説・総目次・索引

JN165594

不二出版

目次

Ⅰ 解説
機関誌『記録映画』について …… 阪本裕文 5
一人一人の生活にとって、映像とは何だろうか
―『記録映画』解説― …… 佐藤 洋 29
Ⅱ 特集一覧 …… 97
Ⅲ 総目次 …… 101
Ⅳ 索引 …… (1)

I 解説

解説　機関誌『記録映画』について

阪本裕文

はじめに

戦後の社会教育映画、学校教育映画、ＰＲ映画といった映画を製作する教育映画／記録映画業界は、実践の中で画期的な作品を多数生み出してきた。しかし、そこには作家名や作品名の列記によっては見えてこない、作家同士の創作的連帯や、政治的な立ち位置の違いによって織り成された、複雑な重層性がひそんでいる。この重層性に着目し、敗戦後の、特に一九五〇年代から一九六〇年代前半にかけての教育映画／記録映画をめぐる史的経緯を精緻に把握しようとするならば、〈教育映画作家協会〉（一九六〇年一一月より〈記録映画作家協会〉に名称変更）と機関誌『記録映画』が、複数のリアリズムのあり方を包括した、集団的な運動の場として浮かび上がってくる。

この〈教育映画作家協会〉は作家同士の経済的互助をはかる組合的側面と、合評や理論研究などの活動を行う創作的側面という二つの目的を掲げて、一九五五年二月二一日の発会総会によって発足した。[*1]

そして、『記録映画』は作家協会の機関誌として、一九五八年六月号から一九六四年三月号まで、欠号と合併号を挟みながら通巻六五号刊行された。

背景

一九四〇年代の終わりから一九五〇年代始めにかけての文化運動を振り返るならば、それはまず職場サークルの活動や生活記録などの記録運動によって語られる時代であった。そのような左翼的な文化運動は、一九五〇年に刊行された雑誌『人民文学』（人民文学社）や、美術においては、一九四九年に刊行された雑誌『ＢＢＢ』（冬芽書房）の誌上でさかんに取り上げられた。そして、教育映画／記録映画の領域でも、そのような生活の現場に関わりながら観客のための映画を製作し、大衆運動の伸長に貢献しようとする左翼的な映画運動に関わった作家達の組織的な製作活動が現れるようになる。

一九五三年二月五日に発足した〈記録映画教育映画製作協議会〉は、このような生活に根ざした大衆運動を基盤としながら、自然主義あるいは社会主義リアリズムの方法に基づくかたちで『月の輪古墳』（一九五四）や『日鋼室蘭　１９７日の闘い』（一九五五）などの自主製作作品を生み出し、上映運動を展開した。同協議会の発足当初の幹事長は野田真吉、幹事は河野哲二・竹内信次・大沼鉄郎が務めた。同協議会は一九五五年頃には解体するが、ここに参加した記録映画作家は、間をおかず、より職能組合的な性格を持つ組織として〈教育映画作家協会〉の設立に向かうことになり、同協会は先述の通り一九五五年二月二一日に発足する。設立当初の会員数は一九五五年三月七日時点で会員数七〇名となり、発足当初の会長は吉見泰が務めた。

他方で、復興期の現実を捉える新しいリアリズムを模索するアヴァンギャルド芸術の運動も、早くからその活動を開始している。一九四七年七月に機関誌『綜合文化』を創刊した花田清輝は、やがてその活動の拠点を、一九四八年一月一九日に岡本太郎と発足させた〈夜の会〉に移してゆく。同会は一九五〇年に活動を終えるまで月二回の公開討論会を継続し、その討論の中で今後十年の主要なモチーフは、ほぼ出揃うことになる。また、〈夜の会〉に重複する形で〈アヴァンギャルド芸術研究会〉が一九四八年九月に発足され、ここに当時の学生グループである〈世紀の会〉に所属していた作家らも合流してゆく。

このように、討論会や研究会、あるいは雑誌を通して花田の言説に触れるなかで、戦後のアヴァンギャルド芸術の担い手となる若い作家たちは、自らの創作活動に取り組んでゆくことになる。花田のアヴァンギャルド芸術の基本的な方法論は、「内部の現実を形象化するためにつかわれてきた、アヴァンギャルド芸術の方法を、外部の現実を形象化するために、あらためてとりあげる」[*2]という一節によって知られる。これは言わば、アヴァンギャルド芸術を止揚した社会主義リアリズムの提唱である。従来の反映論的な社会主義リアリズムでは、大衆の無意識的な欲動や本能的欲求を捉えることが出来ない。そこで、アヴァンギャルド芸術の方法（シュルレアリスム）によって既存のリアリズムの限界を越え、大衆の無意識的な欲動や本能的欲求を掬い上げ、それを批評運動として展開させる。それが花田の意図であったと言える。この時期の花田のアヴァンギャルド芸術に関わる言説は、武井昭夫・針生一郎・佐々木基一・安部公房・柾木恭介・関根弘といった文学者や、安部を中心として一九五二年に発足する〈現在の会〉の会員に、また、粕三平（熊谷光之）・田畑慶吉・池田龍雄・羽仁進・山際永三（高倉光夫）・佐藤忠男らの参加を得て一九五五年に発足した映画／美術／文学／演劇を総合するグループ〈制作者懇談会〉の会員、あるいはルポルタージュ絵画に取り組んだ桂川寛・中村宏・勅使河原宏・山下菊二といった作家達の活動において、概ね共有されてゆく。

これらの作家は、現場へ取材に赴いたり、共産党による山村工作隊の活動に参加したりする中で、文学や絵画におけるルポルタージュを実践した。また、花田自身も一九五七年に発足された〈記録芸術の会〉において、「記録（ドキュメンタリー）の精神に基づき、リアリズム芸術の革命と深化の為に努力する芸術家の創造団体」[*3]を同会の目的として掲げることになる。

　そして、教育映画／記録映画の領域で、この方法論を展開させる役割を担ったのが、大学卒業後、新理研映画に入社して既に『銀輪』（一九五六）の演出補に取り掛かっていた松本俊夫と、松本に共鳴し、共同で論陣を張ることになる野田であった。[*4] また、先述した〈制作者懇談会〉の映画部会は、粕を編集として一九五七年六月より雑誌『映画批評』を刊行しながら、実作を通した会員読者の集まりとして〈映画と批評の会〉を発足させていた。野田・松本は同会にも参加し、誌面に寄稿するようになってゆく。この交流によって、『記録映画』と劇映画領域の人々との繋がりが生まれることになったことは見落とすことができない（他の会員は〈制作者懇談会〉の映画部会会員に加え、大島渚・佐藤重臣・佐藤忠男・吉田喜重など）。また、粕は一九五九年より〈戦後映画研究会〉を発足させ、機関誌『戦後映画』も刊行したが、ここにも野田・松本は参加している（他の会員は、神田貞三・高島一男・山際永三・長野千秋・吉田喜重）。

　このように、一九五〇年代とは、複数のリアリズムの方法論が、並行する形で進行する状況にあった時期だと言える。そして機関誌『記録映画』においてこの二つの方向は、職能組合的な形で生活の向上を目指すグループと、芸術運動を目指すグループという二つの立場に置き換えられることになる。

刊行までの経緯と編集方針

　機関誌刊行の構想は、作家協会が発足した翌年から持ち上がっており、それは『教育映画研究』という誌名によって準備が進められた。しかし、その構想は実現困難であるとして一旦見送られ、しばらくは『教育映画作家協会会報』が、機関誌的な役割を補うかたちで刊行されていた。この会報は、作家協会発足当初から発行されていた数ページの冊子であり、その紙面では、会員作家の動静や、ＰＲ映画製作の現場における作家の自主性に対する抑圧や労働問題に関わる意見などが交換されていた。そのなかでも、記録映画作家が抱えている共通の問題が意識される契機となったのは、運営委員会の名義によって掲載された「作家の自主性のために」（『教育映画作家協会会報No.21』[*5]）と題された文章であった。この意見交換の延長戦上において、第四回教育映画作家協会定例総会の直前の会報に、松本俊夫の「作家の主体ということ—総会によせて、作家の魂によびかける」と題された文章が掲載される（『教育映画作家協会会報No.31』[*6]）。この文章の中で松本は、吉本隆明・武井昭夫がプロレタリア文学に向けて放った批判である『文学者の戦争責任』[*7]を参照しながら、これを教育映画／記録映画の領域に引きつけて論じている。松本によると、戦時下の国策映画から、敗戦後間もなくの政治的な自主製作映画を経て、一九五〇年代末のPR映画製作に至るまで、作家主体の欠如という事態が継続していたとされる。それは作家が、外部条件を変革の対象として否定的に捉え、主体化しなかったことに起因する。そして、この作家主体の欠如は、自然主義として表れたとされる。この文章が、会員個々人の立場によって賛否を引き起こしたことは想像に難くない。

このような問題意識の共有を経て、第四回教育映画作家協会定例総会（一九五七年一二月二五日）にて、機関誌の刊行が決定される（ただし、会報もページ数を縮小して継続して発行される）。この総会での決定を受けて、運営委員会は一九五八年度の編集部会員として、岩佐氏寿・飯田勢一郎・岡本昌雄・小島義史・谷川義雄・丸山章治・松本俊夫・諸岡青人の八名を選出する。そして、同年三月に『記録映画研究』という誌名にて機関誌の刊行が予告される。その後、予定はずれ込んで、誌名は『記録映画』に変更されたが、同誌は同年六月七日に刊行に至る。当初印刷部数は四〇〇〇部[*8]で、当初の発行所はアルス児童文庫刊行会であった。しかし、発行体制はしばらく安定せず、経済的理由によりアルス児童文庫刊行会からの発行は創刊号のみとなり、一九五八年七月号を欠号として、一九五八年八月号より発行元はベースボールマガジン社に移る。さらに、一九五九年二月号からは発行元がベースボールマガジン社から作家協会に移された。しばらくは財政的に苦しい状態が続いていたが、創刊一周年の頃には印刷部数は一五〇〇部となり、そのうち定期購読による会員外の固定読者は一八〇部[*9]に至るなど、機関誌の規模は徐々に拡大していった。

次に機関誌の編集方針の変遷を俯瞰するため、一九五九年度以降の編集委員の変遷について列記する。

第五回教育映画作家協会定例総会（一九五八年一二月二七日）を受けて運営委員会は制度を若干変更し、一九五九年度の編集委員として、編集長に岩佐氏寿、常任編集委員に吉見泰・野田真吉・谷川義雄・松本俊夫・大沼鉄郎、編集委員に八幡省三・西本祥子・長野千秋・秋山矜一・近藤才司を選出する。

第六回教育映画作家協会定例総会（一九五九年一二月二七日）を受けて運営委員会は、一九六〇年度の編集委員として、編集長に岩佐氏寿、編集委員に野田真吉・吉見泰・長野千秋・西本祥子・渡辺正巳を選出する。また今期より運営委員会において発行を取りまとめる役職として機関誌担当常任委員が設置され、編集委員を外れた松本が本委員にあたることになる。

第七回教育映画作家協会定例総会（一九六〇年一二月二八日）を受けて運営委員会は、一九六一年度の編集委員として、編集長に野田真吉、編集委員に松本俊夫・徳永瑞夫・黒木和夫・長野千秋・熊谷光之・西江孝之を選出する。編集担当常任委員には丸山章治があたることになる。また、事務局員として編集事務を担当していた佐々木守は、一九六一年五月号をもって作家協会事務局を辞めて東京シネマに移るが、翌号以降も編集委員として記名された。

第八回教育映画作家協会定例総会（一九六一年一二月二七日）を受けて運営委員会は、一九六二年度の編集委員として、編集長に野田真吉、編集委員に佐々木守・康浩郎・徳永瑞夫・西江孝之・花松正卜・藤原智子・松川八洲雄・松本俊夫を選出する。編集担当常任委員には河野哲二があたることになる。経済的な問題から、一九六二年一〇月号と一一月号は合併号として刊行された。

第九回記録映画作家協会定例総会（一九六二年一二月二七日）を受けて運営委員会は、一九六三年度の編集委員として、編集長に野田真吉、編集委員に厚木たか・熊谷光之・黒木和雄・佐々木守・徳永瑞夫・長野千秋・西江孝之・松本俊夫を選出する。編集担当常任委員には菅家陳彦があたることになる。一九六三年一二月号は欠号となった。

そして、第十回記録映画作家協会定例総会（一九六三年一二月二七日）、および臨時総会（一九六四年二月一日）を経て採択された次年度方針修正案を受けて『記録映画』の休刊が決定される。この理由により刊行は遅れ一九六四年二月号は欠号となる。休刊号にあたる一九六四年三月号で新たに機関誌担当常任委員となった徳永瑞夫と、今号までの編集長である野田真吉によって、二つの立場からの経緯説明が行われた。

このように、毎年の定例総会で改選された運営委員の決定を経て編集委員会が組織されていたが、その人選を整理するならば、創刊号から休刊号に至るまで野田と松本のいずれか、もしくは両名が編集委員に加わっていたことが分かる。この両名は、芸術運動を指向するグループの理論家としての役割を果たしていた。特に一九六〇年度以降は黒木・長野・熊谷・西江・佐々木・康・松川など、野田・松本に近い考え方を持つ作家達が編集委員に名を連ねている。また、野田は一九六一年度より休刊に至るまで、同誌の編集長を三年間連続で務めている。そのため、『記録映画』の編集方針には、芸術運動を指向する性格が強く表れることになった。

一方、職能組合的な形を指向するグループは、方針としては共産党の文化運動方針を敷衍する形で、統一的運動を組織するという立場を取っていたが、編集委員の大勢ではなかったために、その性格は『教育映画作家協会会報（記録映画作家協会会報）』に強く表れることになる。

編集委員の変遷のなかで表れた変化としては、記録映画業界外部の論者による寄稿が、毎号掲載されるようになったことと、特集という形でテーマ制の編集が行われるようになったことが挙げられる。一九五八年度までは、書き手は基本的に協会会員、あるいは協会外の記録映画作家（亀井文夫など）や、映画サークル関係者に止まっていたが、一九五九年度以降は様相が変化し、多様な論者が誌面で持論を展開していった。花田清輝・吉本隆明・安部公房・武井昭夫・

佐々木基一・柾木恭介・長谷川龍生・関根弘・谷川雁・寺山修司といった文学関係者、大島渚・吉田喜重・佐藤忠男・小川徹といった劇映画関係者、和田勉・大山勝美・牛山純一などのテレビ関係者、針生一郎・中原佑介・瀬木慎一・石子順造・山口勝弘・磯崎新・粟津潔・池田龍雄・武満徹・湯浅譲二といった美術・音楽関係者など、その人選は幅広く、領域横断的な視点によって、「記録」に関わる映画の諸テーマが論じられていった。これは協会内だけでなく、同時代の劇映画／文学／美術／音楽など、幅広い領域の作家達の意識における変容を促すものであり、その意義は『新日本文学』（新日本文学会）や『季刊現代芸術』（みすず書房）、『現代芸術』（勁草書房）のような運動的な雑誌のそれと同一のものであった。

このような変化は、一九六一年六月号より表紙のデザインが、粟津潔の起用によって一新された事にも反映されている。同号は松本の『西陣』（一九六一）のスチルを使用したデザインであったが、翌号から一九六二年一二月号に至るまで、表紙デザインは東松照明の写真と粟津のコラボレーションによって展開されていった。次いで一九六三年一月号から最終号に至るまでは粟津による指紋のグラフィックが展開される。これらの表紙のデザインには粟津の無ジャンル的な越境性が強く表れており、一九六〇年代の文化的な変容を視覚的表現の中で読者の意識に印象付けるものとなった。

しかし、無原則的に越境性や新しさが賞揚されていたかというと必ずしもそうではなく、「モダニズム批判」として主体の内実を伴わない通俗的アヴァンギャルドに対する批判が一九六一年頃より誌面に登場したことも指摘しておきたい。「特集　現代モダニズム批判」（『記録映画』一九六一年三月号）[*10]がこれにあたる。

また、『記録映画』と作家協会は、読者向けの上映会や研究会を積極的に開催していたが、そのなかでも、一九六〇年代後半にやって来るアンダーグラウンド映画の隆盛以前に、国内外の実験的な映画を集めて上映する「世界の実験映画を見る会」[*11]を定期的に開催していたことは、歴史的に見ても特筆すべきことだといえる。これに加えて、平野克己、康浩郎、神原寛といった日大映研のメンバーや、一九六四年に〈フィルム・アンデパンダン〉を発足させることになる高林陽一や飯村隆彦、そして一九六〇年代後半のアンダーグラウンド文化の寵児となる宮井陸郎といった、後に実験映画を担ってゆくことになる作家を、度々誌面に登場させていたことも、同様に大きな意味を持っている。

一九六〇年代から一九七〇年代にかけて拡大してゆく実験映画／個人映画の運動が、その最初期において、『記録映画』における上映運動を介して形成されていたという事実は、記録映画（あるいはドキュメンタリー映画）と実験映画の共通基盤を示すものであると同時に、日本国内における実験映画／個人映画の歴史が、戦前から続く前衛的な小型映画よりも、むしろ戦後の前衛的な記録映画の文脈に依拠するかたちで展開したことを示すものだと言えるだろう。

さて、この『記録映画』の編集方針のなかで議論された中心的な論点は、第一に「作家主体と方法の確立」、第二に戦前から戦後にかけての「左翼映画運動の総括」であった。PR映画の製作過程におけるスポンサー側からの抑圧と、作家の自主性のあり方についての問題も議論されていたが、これは左翼映画運動における組合や観客からの要請と類型的であったため、基本的に第一、第二の論点の変形として展開されたものだったと見なせる。以下で、個別にその展開を見て行きたい。

論点1　作家主体と方法の確立

作家主体と方法の確立の論点は『記録映画』誌上において継続的に論じられてゆくが、その端緒となったものは、松本の「前衛記録映画の方法について」（『記録映画』創刊号）[*12]である。松本が、先行する「作家の主体ということ──総会によせて、作家の魂によびかける」のなかで、作家の主体内部の世界の欠如と、その具体的な表れとしての自然主義を批判していたことはすでに述べた。そのため、外部世界を変革の対象として主体化するためには、そのための新しい方法が必要とされる。そこで、花田の言説の影響下において松本が提起した方法が、ドキュメンタリーにおけるアヴァンギャルド、すなわちシュルレアリスムの導入であった（この方法は、池田龍雄や桂川寛らに代表されるルポルタージュ絵画の現実変容と、極めて近い性質を持つものだったと言える）。同論のなかで松本は、アラン・レネ（Alain Resnais）の美術映画『ゲルニカ（Guerunica)』（一九五〇）を論じながら、前衛記録映画論を提起する。この方法論は、簡単にモデル化するならば、外部からもたらされるアクチュアルな現実を契機として、作家内部の意識の基底を探ることによって固定化した認識の変革を促し、それによって更に外部のアクチュアルな現実に到達するというものである。この思考は、同じ年の『映画批評』に発表された「映画のイマージュと記録―シンポジュームのための報告」[*13]のなかでも詳細に説明されている。以下に、当該箇所を引用する。

映画「ゲルニカ」は、与えられたままの絵画「ゲルニカ」を否定しながらも、絵画「ゲルニカ」と無関係なものに変貌したのではなく（中略）あのピカソのアクチュアルな造型そのものの即物的なドキュメントを通してのみ、はじめて外化しうる内部世界の形象となったのである。（中略）つまり即物的なドキュメントは、皮相な意味性を剥奪するというその機能によって、対象の直接的所与性を否定し、同時にそこに主体的な意味を与えるのだ。[*14]

それは外部世界の日常的・表面的な対称性を否定し、これを裸形の物体にまで解体して内部世界を客体化するが、そのことによってステレオタイプ化した観念や感性が破壊され、従って更に、対象の因習的な意味性という表面のヴェールが剥奪されて、一層現実のアクチュアルな姿に肉迫するという弁証法的な往復運動をその方法の核心に据えたものである。そしてそれが鋭いイマージュとして、作品の物質的素材に定着されることをこそ、私は言葉の厳密な意味において「記録」と呼ぶべきではないか[*15]。

このような新しい「記録」の概念の提出と、自然主義批判という形でなされる、戦後の左翼的な文化運動への批判は、当然ながら会員作家それぞれの立場からの反論を引き出すことになる。野田による「アクチュアリティの創造的劇化―ドキュメンタリー方法論についてのノート」(『記録映画』一九五八年一一月号〜一九五九年一月号)[*16]も、松本の言説に理論的な厚みを与えるものであり、そこでは「事実」を「物」と「意味」に分解し、剥き出しの「物」を主体的に再構成するという方法論が示される。また、協会外の寄稿者からも意見が提出されており、石子順造は「作家の主体とドキュメンタリーの方法　死体解剖と生体解剖　ドキュメンタリー方法論批判」(『記録映画』一九五九年六月号)[*17]のなかで松本・野田の理論に同意を示しながらも、「物」の再構成がどのような新しい意味の付加に結びつくのかとの批判を行う。一方、協会内の作家からは、「主体」をめぐっての全面的な反論が花末正ト・丸山章治・吉見泰によって出される。この議論は一九五九年を通して展開された。[*18]その対立の焦点は、主体論は主観主義的なものであり、主体が客体と実践によって結びついていないと批判するものである。この実践あるいは実効性をめぐる目的の違いは、その距離を埋めることのないまま議論としては一旦終息する。

論点2　映画運動について

その一方で、戦後の左翼映画運動についての総括という論点も突き詰められてゆく。〈記録映画教育映画製作協議会〉の主要メンバーであった吉見による「戦後の記録映画運動」(『記録映画』一九五八年六・八・九月号)[*19]は、同協議会の運動を知る上で貴重な記述であるが、年譜的な概説に留まる印象は拭えなかった。その後、吉見は「政治的現実と作家の問題　政治と作家―創作への条件(2)」(『記録映画』一九五九年九月号)[*20]において、より個人的な踏み込んだ総括も行っている。これに対し、同じく同協議会の主要メンバーであった野田も「戦後記録映画運動についての一考察―記録映画製作協議会の運動について」(『記録映画』一九五九年二月号)[*21]、および「挫折・空白・胎動―記録映画製作協議会以後」(『記録映画』一九五九年一〇・一一月号）[22]によって総括を行っている。ここで野田は、作家と大衆組織の結びつきに意義を認めながらも、同協議会から作家協会への移行に際して、次のような問題点があったことを指摘する。

> 大衆団体である教育映画作家協会と、前衛的な記録映画の運動体としての協議会の性格とを、無差別的に扱い、機械的に大衆団体のなかに解消したことは、協議会の持っていた内部矛盾の露呈にすぎないといえばそれまでである。（中略）それは批判と評価をただしくなしえなかった作家主体の解体、または不在という基本的な問題点を、僕たちがとらええないでいたことによるものであった。[23]

このように、野田は芸術を革命する前衛的な記録映画の運動を前提としてこそ、社会変革のための映画を生み出すことが可能となるという態度を保っており、同協議会の挫折を批判的に捉えた上で、そのような運動を再集結させることを試みていた。[24]野田の存在が重要であったのは、様々な対立を架橋する人間関係の幅の広さを持っていたことに加えて、作家主体と方法の確立という課題に、このような大衆の主体化という組織的な運動論の観点を導入したことにあるだろう。

この課題をめぐる議論の試金石となったのが、共に組織的な運動を基盤として製作された二つの前衛記録映画である、松本の『安保条約』（一九五九）と『西陣』であった（前者は総評の、後者は〈京都記録映画を見る会〉の製作による）。この作品をめぐっては、誌面でも「特集　映画『安保条約』を批判する」（『記録映画』一九五九年一一月号）[25]と「特集　ドキュメンタリーの現在的視座・II　作品『西陣』をめぐって」（『記録映画』一九六一年九月号）[26]という、二つの特集が組まれている。

アヴァンギャルドの方法によるリアリズムの立場からは、観客の意識に働きかける表現に対して概ね評価する意見が出されたが、その一方で社会主義リアリズムの側からは、やはり観客の要請に応えていないという否定的な意見が出された。例えば吉見は、『安保条約』については「映画運動の曲り角」（『記録映画』一九五九年一一月号）[*27]のなかで、あくまで観客の側の共通体験に根ざすことの重要性を力説している。しかし、吉見は『西陣』について論じた「不連続の衝撃」（『記録映画』一九六一年九月号）[*28]において、「本来、生活の各局面は、対立矛盾の多様な現われであるが、それを不連続な多層として捉えることによってはじめて、その本来の姿を、衝撃的に鮮明にとらえることができると考える」として、その生活の各局面の分解と再構成を試みた表現を評価している箇所[*29]もあり、「意識の日常性」をめぐる両者の問題意識のなかに、共鳴するものが部分的に発見されていたことも指摘しておきたい。

休刊の経緯

一九六〇年の安保問題に絡んだ関根・松本による共産党への批判[*30]を経て、一九六二年になると、政治的背景を含んだ論争が出はじめる。それはまず、木崎敬一郎の「前衛エリートの大衆疎外─記録映画運動の大衆的現実について」（『記録映画』一九六二年一月号）[*31]として表出し、そこでは大衆の生活意識との繋がりの希薄さが批判された。これに対する反論として、松本は「大衆という名の物神について」（『記録映画』一九六二年二月号）[*32]において、大衆を固定的なイメージによって捉えることを批判する。これに対して木崎は「芸術の前衛に於ける大衆不在」（『記録映画』一九六二年五月号）[*33]において再反論を続ける。

この論争と同時期の共産党の文化雑誌『文化評論』の誌面には、松本をはじめとする「主体論者」に対する批判を含む、匿名の時評も掲載されている。[*34]〈新日本文学会〉と同様に、政治的背景を含む対立は、誌面でも表面化の段階に至りつつあった。同様に、芸術運動を指向するグループの中からも、運動の停滞に疑問を持ち、組織的な矛盾の解消を求める意見が表面化する。佐々木の「運動の終結」がそれにあたる（『記録映画』一九六二年一一月号）[*35]。誌面において党派的対立の顕在化や、PR映画の閉塞感が拡大して行ったのがこの時期であったといえる。

この議論に先行するかたちで、谷川雁の「反「芸術運動」を」（『記録映画』一九六二年二月号）[*36]が、誌面に掲載されたことの意味は小さくない。ここで谷川が〈新日本文学会〉を念頭に置いて述べる「芸術運動は本質的に非肉眼的な現象であり、不可視の運動である」とする反組織論は、作家協会内の矛盾や停滞にあって、所属する作家個々人に運動の再組織化を提起するものとして映っただろう。[*37]

このような、徐々に埋め難くなる諸矛盾の中で、宮井の「かくて意識の透明性にぶつかる」（『記録映画』一九六三年一〇月号）[*38]と、松本の「運動の変革」（『記録映画』一九六三年一一月号）[*39]が掲載され、運動の解体は避けられないものとなってゆく。

そして、政治的な立場の違いによる対立は最終的な局面を迎える。一九六三年の終わりに第十回記録映画作家協会定例総会（一九六三年一二月二七日）が開催され、ここで芸術運動を指向するグループと職能組合的な形を指向するグループの対立がおこる。しかし、総会では結論に至らなかったため、臨時総会（一九六四年二月一日）が開催され、前運営委員会方針案と吉見修正案が採決に付されるに至る。そして投票の結果、前運営委員会方針案が六〇票、修正案が六七票、保留四票という結果になり、修正案が採択される。[*40]これによって作家協会の方針が職能組合的な方向に大きく引き戻されることになる。そして、この新方針によって『記録映画』は休刊となる。

この臨時総会の直前の『文化評論』には山形雄策の「映画に関する党の政策と方針を確立するために」[*41]が掲載され、また臨時総会直後の『アカハタ』紙面には菅家まりの「修正主義者とのたたかいの経験—記録映画作家協会第十回総会をめぐって」[*42]が掲載された。そこでは、左翼的な文化運動において、作家協会の総会がどのように位置付けられていたかが伺える。芸術運動を指向していたグループの作家達は、この結果を受けて、一九六四年三月四日には「芸術運動についてのアッピール」を表明し、作家協会会員に作家協会外の作家を加えて、新たな組織の形成を開始しはじめる。

また、一九六四年三月一一・一二日には黒木和雄の『あるマラソンランナーの記録』（一九六四）の演出をめぐって、黒木と本作の製作会社であった東京シネマの間でトラブルが起こる。これは作品の演出についてスポンサーからクレームが付けられたことが発端であるが、このクレームに対応した東京シネマ側に、吉見など新方針を主導する作家協会の会員がいたため、このトラブルは捩れたかたちで長期化してしまう。一方で、芸術運動を指向するグループによって準備が進められていた新たな組織〈映像芸術の会〉が、第一回総会（一九六四年五月二四日）を経て正式に発足される（当初は〈記録芸術の会〉という仮称で設立準備が進められた）。当初の運営委員長は黒木が務め、副委員長は松本が務めた。ただし、この時点ではまだ〈映像芸術の会〉に参加する作家達の一部は、作家協会に所属したままであり、作家協会内部の問題として『あるマラソンランナーの記録』問題を追及してゆく態度を崩していなかった。この問題に対して特に積極的に取り組んだのは、黒木と同じく岩波映画製作所の〈青の会〉に所属する作家達であり、〈青の会〉を発行元として『あるマラソンランナーの記録事件の真実』[*43]と題された、東京シネマ側を批判する小冊子も発行された。その後、この問題はシンポジウム（一九六四年九月一二日）と臨時総会（一九六四年一二月二六日）を経て、一二月二七日付けで、芸術運動を指向するグループの作家ら四六名の、連名による脱会という形で終息する。[*44]

こうしてアヴァンギャルドと社会主義リアリズム、あるいは芸術運動と大衆運動を接合する可能性を内包していた『記録映画』をめぐる運動は、その可能性を残したままで中断するに至る。

その後、新体制となった作家協会は『記録映画』を再刊行することはなかったものの、現在に至るまでその活動を継続している。

その一方、〈映像芸術の会〉の運動は一九六八年に解体し、同会に集結していた作家達は、劇映画、記録映画、実験映画／個人映画、テレビといった様々な領域において、個別の活動を展開してゆくことになる。

おわりに

最後に『記録映画』の意義とは何であったかを考えてみたい。それは第一に、一九六〇年代後半以降の映画運動を準備した「場」としての意義を持っている。同時代の国内の文化状況を鑑みるならば、この機関誌は教育映画／記録映画にとどまらず、広範な諸動向の結節点としての役割を果たすものでもあった。そこでは教育映画／記録映画、劇映画、テレビドキュメンタリー、文学、美術、音楽、写真など様々な領域の文化の担い手が交叉し合い、新たな関係を結び、新たな展開を準備していった。新体制の作家協会と、そこから分化した〈映像芸術の会〉の活動は言うに及ばず、〈フィルム・アンデパンダン〉のような作家グループや、〈ジャパン・フィルムメーカーズ・コーポラティヴ〉と佐藤重臣編集長時代の雑誌『映画評論』、そして〈アンダーグラウンドセンター〉などが牽引してゆく実験映画／個人映画の流れ、小川紳介や土本典昭のような生活に密着するドキュメンタリー映画の流れ、〈杉並シネクラブ〉に代表されるようなシネクラブ運動の流れ、そしてフィルムアート社の設立と一九六〇年代末の映画の変革を象徴した雑誌『季刊フィルム』の刊行に至るまで、一九六〇年代後半以降の諸動向の線は、遡れば、その全てが何らかの形で、『記録映画』という点を通過していたことが分かるだろう。

第二に、運動に関わる理念的な意義についてであるが、ここには芸術と政治、あるいは芸術と社会、あるいは芸術と生活の統一を集団的に達成するという理想が存在していた。もちろんそれは、運動が未分化な状態にあったからこそ仮構することができる、架空の運動モデルのようなものかもしれない。しかし、ここまで述べた通りその理念の集団的な達成は、運動の途中で中断してしまった。

だが筆者には、『記録映画』の理念が、先述した一九六〇年代後半以降の諸動向のなかに潜在的に引き継がれているように思えてならない。確かに『記録映画』の休刊以降、芸術上の課題は異なる立場を抱えた大きな集団によってではなく、異なる目的を持った様々な組織や作家個人の生活的実践のなかで取り組まれてゆくものとなった。だが、巨視的な視座から大きな運動として見るならば、それらは各々が相互補完的に、不可視の連帯のもとで動いているようにも見える。『記録映画』で語られた言葉には、未分化な状態にあった運動の、原初の可能性が内包されている。私たちはここに記された言葉と、その実践としての作品をつぶさに再検証しながら、ここに生じた立場の違いを否定的なものとしてではなく、集団的な運動の豊饒さにおいて捉えなければならないだろう。

註

＊1　一九五五年の発会総会と第一回運営委員会での決定事項を参照せよ。『教育映画作家協会会報』No.1、教育映画作家協会、一九五五年三月、p1

＊2　花田清輝「林檎に関する一考察」『人間』5（9）、目黒書店、一九五〇年九月、pp.62-67

＊3　〈記録芸術の会〉の総則については、雑誌『現代芸術』（勁草書房）の総則表記を参照せよ。

＊4　一九五六年二月一一日付けで松本は教育映画作家協会に入会している。

＊5　運営委員会「作家の自主性のために」『教育映画作家協会会報』No.21、教育映画作家協会、一九五七年一月、p1

＊6　松本俊夫「作家の主体ということ―総会によせて、作家の魂によびかける」『教育映画作家協会会報』No.31、教育映画作家協会、一九五七年一二月、pp.11-15

＊7　吉本隆明・武井昭夫、『文学者の戦争責任』淡路書房、一九五六年九月

＊8　編集部会の報告を参照せよ。

＊9　『教育映画作家協会会報』No.32、教育映画作家協会、一九五八年二月、p2

経営委員会の報告を参照せよ。

＊10　『教育映画作家協会会報』No.44、教育映画作家協会、一九五九年五月、p1

「特集　現代モダニズム批判」『記録映画』4（3）、記録映画作家協会、一九六一年三月、pp.4-17

また、この問題については『三田文学』におけるシンポジウムも併せて参照せよ。

寺山修司・土方巽・大島渚・松本俊夫・塩瀬宏・真鍋博「シンポジウム　芸術の状況」『三田文学』51（1）、三田文学会、一九六一年一月、pp.9-42

＊11　第一回「世界の実験映画を見る会」の上映作品は、プログラムによると次の通り（一九六〇年四月一九日、虎ノ門共済会館ホール）。「世界の実験映画を見る会」は一九六四年二月に至るまで、六回もしくは五回開催された（開催数表記に混乱あり）。

・シネマ58『東京1958』（一九五八）

・カレル・ゼーマン（Karel Zeman）『水玉の幻想（Inspirace）』（一九四八）

・ロマン・ポランスキー（Roman Polanski）『タンスと二人の男（Two Men and a Wardrobe）』（一九五八）

・ベルト・ハーンストラ（Bert Haanstra）『水鏡（Mirror of Holland）』（一九五〇）

・ノーマン・マクラレン（Norman McLaren）『隣人（Neighbours）』（一九五二）

・シグナル・フィルムズ・プロダクション（Signal Films Production）『時計（The Story of Time）』（一九五一）

・アラン・レネ（Alain Resnais）『ゲルニカ（Guerunica）』（一九五〇）

・アラン・レネ（Alain Resnais）『二十四時間の情事（Hiroshima mon amour）』（一九五九）

＊12　松本俊夫「前衛記録映画の方法について」『記録映画』1（1創刊号）、アルス児童文庫刊行会、一九五八年六月、pp.6-11

＊13　松本俊夫「映画のイマージュと記録―シンポジュームのための報告」『映画批評』２（９）、映画批評社、一九五八年一一月、pp.52-57
＊14　註12に同じ、p7
＊15　註13に同じ、p57
＊16　野田真吉「アクチュアリティの創造的劇化―ドキュメンタリー方法論についてのノート（その一）」『記録映画』１（４）、ベースボールマガジン社、一九五八年一一月、pp.4-6
野田真吉「アクチュアリティの創造的劇化―ドキュメンタリー方法論についてのノート（その二）」『記録映画』１（５）、ベースボールマガジン社、一九五八年一二月、pp.11-14
野田真吉「アクチュアリティの創造的劇化―ドキュメンタリー方法論についてのノート（その三）」『記録映画』２（１）、ベースボールマガジン社、一九五九年一月、pp.8-11
＊17　石子順造「死体解剖と生体解剖　ドキュメンタリー方法論批判」『記録映画』２（６）、教育映画作家協会、一九五九年六月、pp.9-13
＊18　議論の応答は以下の通り。
花松正ト「修正主義に反対し、二・三の原則を論ず―《主体性論》への提言（その１）」『記録映画』２（２）、教育映画作家協会、一九五九年二月、pp.17-18
花松正ト「片隅の事実は主張する　《主体性論》への提言（その２）」『記録映画』２（３）、教育映画作家協会、一九五九年三月、pp.23-25
丸山章治「作家の内部世界をどうとらえるか―《作家主体論争》への一つの意見」『記録映画』２（５）、教育映画作家協会、一九五九年五月号、pp.12-14

吉見泰「創作への条件―本論を書く前にちょっと一言」『記録映画』２（５）、教育映画作家協会、一九五九年五月号、p17
松本俊夫「作家の主体とドキュメンタリーの方法　倒錯者の論理―主体論の再検討のために（１）」『記録映画』２（６）、教育映画作家協会、一九五九年六月、pp.6-9
松本俊夫「「敗戦」と「戦後」の不在―主体論の再検討のために（２）」『記録映画』２（８）、教育映画作家協会、一九五九年八月、pp.34-36
吉見泰「政治と作家―創作への条件（２）」『記録映画』２（９）、教育映画作家協会、一九五九年九月、pp.6-8
花松正ト「不毛の論理・《主体論》からの解放」『記録映画』２（９）、教育映画作家協会、一九五九年九月、pp.8-13
丸山章治「作家の主体と戦争戦後責任について―松本俊夫の毒舌に答える」『記録映画』２（12）、教育映画作家協会、一九五九年一二月、pp.16-18

＊19　吉見泰「戦後の記録映画運動１―『記録教育映画制作協議会』の運動を中心に」『記録映画』１（１創刊号）、教育映画作家協会、一九五八年六月、pp.3-5
吉見泰「戦後の記録映画運動２―『記録教育映画制作協議会』の運動を中心に」『記録映画』１（１）、教育映画作家協会、一九五八年八月、pp.4-5
吉見泰「戦後の記録映画運動３―『記録教育映画制作協議会』の運動を中心に」『記録映画』１（２）、教育映画作家協会、一九五八年九月、pp.28-29

＊20　吉見泰「政治と作家―創作への条件（２）」『記録映画』２（９）、教育映画作家協会、一九五九年九月、pp.6-8

＊21　野田真吉「戦後記録映画運動についての一考察―記録映画製作協議会の運動について」『記録映画』２（２）、教育映画作家協会、一九五九年二月、pp.23-25, p14

＊22　野田真吉「挫折・空白・胎動（その１）―記録映画製作協議会以後」『記録映画』２（10）、教育映画作家協会、一九五九年一

〇月、pp.10-12

＊23 野田真吉「挫折・空白・胎動（その2）―記録映画製作協議会以後」『記録映画』2（11）、教育映画作家協会、一九五九年一一月、pp.11-13

＊24 註22『記録映画』2（11）に同じ、p12

＊25 余談であるが、野田は亀井文夫の独立的な活動に言及して、これを評価しながらも、それ自体は運動とは言えないものであるとの評価を下している。次の記述を参照せよ。

＊26 註22『記録映画』2（10）に同じ、p11

＊27 「特集 映画『安保条約』を批判する」『記録映画』2（11）、教育映画作家協会、一九五九年一一月、pp.23-32

＊28 「特集 ドキュメンタリーの現在的視座・Ⅱ 作品『西陣』をめぐって」『記録映画』4（9）、記録映画作家協会、一九六一年九月、pp.12-21

＊29 吉見泰「映画運動の曲り角」『記録映画』2（11）、教育映画作家協会、一九五九年一一月、pp.31-32

＊30 吉見泰「不連続の衝撃」『記録映画』4（9）、記録映画作家協会、一九六一年九月、pp.13-15

＊31 註28に同じ、p14

＊32 関根弘「黄色いタンカ―事実を見る眼」『記録映画』3（9）、教育映画作家協会、一九六〇年九月、pp.4-5

松本俊夫「政治的前衛にドキュメンタリストの眼を―1960年6月の指導部の思想をめぐって」『記録映画』3（9）、教育映画作家協会、一九六〇年九月、pp.28-30, p33

木崎敬一郎「前衛エリートの大衆疎外―記録映画運動の大衆的現実について」『記録映画』5（1）、記録映画作家協会、一九六二年一月、pp.24-26

松本俊夫「大衆という名の物神について」『記録映画』5（2）、記録映画作家協会、一九六二年二月、pp.19-23

＊33　木崎敬一郎「芸術の前衛に於ける大衆不在」『記録映画』5（5）、記録映画作家協会、一九六二年五月、pp.18-21

＊34　『文化評論』の時評に掲載された、「主体論者」に対する批判は以下の通り。
無記名「停滞と前進」『文化評論』1、日本共産党中央委員会、一九六一年一二月、pp.65-70
無記名「日本映画の無思想の思想」『文化評論』3、日本共産党中央委員会、一九六二年二月、pp.91-94
山形雄策「混沌と抽象への勧誘―映画作家の現状と周辺」『文化評論』30、日本共産党中央委員会、一九六四年四月、pp.120-125

＊35　佐々木守「運動の終結」『記録映画』5（10）、記録映画作家協会、一九六二年一一月、pp.9-11

＊36　谷川雁「反「芸術運動」を」『記録映画』5（2）、記録映画作家協会、一九六二年二月、pp.4-6

＊37　谷川の文章に対する反応については、松本の回顧録も参照せよ。
松本俊夫「『記録映画』覚え書―戦後の映画雑誌　6」『映画批評』2（5）、新泉社、一九七一年五月、pp.72-73

＊38　宮井陸郎「かくて意識の透明性にぶつかる」『記録映画』6（9）、記録映画作家協会、一九六三年一〇月、pp.11-13

＊39　松本俊夫「運動の変革」『記録映画』6（10）、記録映画作家協会、一九六三年一一月、pp.4-6

＊40　臨時総会の経緯については、徳永・野田による報告を参照せよ。
徳永瑞夫「機関誌『記録映画』の発展のために」『記録映画』7（2）、記録映画作家協会、一九六四年三月、p41
野田真吉「編集手帳」『記録映画』7（2）、記録映画作家協会、一九六四年三月、p42

＊41　山形雄作「映画に関する党の政策と方針を確立するために」『文化評論』27、日本共産党中央委員会、一九六四年一月、pp.43-56

＊42　菅家まり「修正主義者とのたたかいの経験―記録映画作家協会第十回総会をめぐって」『アカハタ』四八三一、日本共産党中央委員会、一九六四年三月八日、p8

＊43　真実編集委員会『あるマラソンランナーの記録事件の真実』青の会、一九六四年七月
＊44　阿部博久・安藤令三・飯村隆彦・池田元嘉・梅田克己・大沢健一・大島辰夫・大林義敬・大沼鉄郎・川島寿一・熊谷光之・黒木和雄・小泉修吉・康浩郎・小谷田亘・佐々木守・佐藤みち子・杉原せつ・杉山正美・田中学・田部純正・辻功・富澤幸男・苗田康夫・中川すみ子・長野千秋・二瓶直樹・野田真吉・波田慎一・肥田侃・平野克己・藤原智子・二口信一・前田庸言・松尾一郎・松川八洲雄・松本公雄・松本俊夫・間宮則夫・丸山章治・三上章・光井義明・安井治・山川治・山口淳子・渡辺大年、『声明』一九六四年一二月二七日

『記録映画』の意義については、以下の当事者達の回顧的な記述も参照の上、様々な角度から読み解いてい頂ければ幸いである。

谷川義雄『ドキュメンタリー映画の原点─その思想と方法』風濤社、一九七一年一二月
野田真吉『日本ドキュメンタリー映画全史』社会思想社、一九八四年二月
野田真吉『ある映画作家─フィルモグラフィ的自伝風な覚え書』泰流社、一九八八年六月
松本俊夫「『記録映画』覚え書─戦後の映画雑誌　4」『（第二次）映画批評』2（3）、新泉社、一九七一年三月、pp.94-101
松本俊夫「『記録映画』覚え書─戦後の映画雑誌　5」『（第二次）映画批評』2（4）、新泉社、一九七一年四月、pp.72-77
松本俊夫「『記録映画』覚え書─戦後の映画雑誌　6」『（第二次）映画批評』2（5）、新泉社、一九七一年五月、pp.70-77

一人一人の生活にとって、映像とは何だろうか
―『記録映画』解説―

佐藤　洋

1　手びきとしての『暮しの手帖』

雑誌『暮しの手帖』の編集長をつとめた花森安治は書いている。「暮しはさげすまれてきた。敗戦でもし得たものがあるとしたら、くらしを軽んじるきもち〈中略〉に人それぞれいくらかの反省があったということだろう」。『暮しの手帖』読者の特徴として、詩人の茨城のり子は、こんな気持ちをあげている。「私生活を公生活と同等、もしくはそれ以上に大切に考えている(1)」。

戦争中、お国のためと信じて、人びとは、それぞれの暮らしよりも、隣組や国防婦人会、大日本帝国を優先しがちだった。そうして戦争に敗けて、焼け跡から生活を立て直していく。その中で、公生活を大切に思う心を転換して、それぞれの私生活も大切に思おうと、多くの人が努力した。雑誌『暮しの手帖』は、その人たちの心によりそって、育てようとする志をもった。

二〇一五年、創刊から五七年の時をこえて、雑誌『記録映画』を読みかえす手びきに、『暮しの手帖』の志は、あか

るい道しるべである。なぜなら、『記録映画』もまた、戦争に奉仕した映像を反省し、一人一人がそれぞれの暮らしの中で、映像を見るという経験とは何だろうか? 映像を見る経験を豊かにする方法は何だろうか? と考え直す問いを発しているからであり、また『記録映画』の編集部が「暮しの手帖」社のすぐそばにあったからでもある。

2 石けんと赤い網

一九五八年六月、雑誌『記録映画』は創刊された。(2) 定価は七〇円。(3) 一九五七年の邦画封切館のチケットが一五〇円の時代だから、今なら七〇〇円くらいだろうか。(4) 一九六四年三月までの六年間に六五冊が発刊されたこの雑誌を、二〇一五年に読み返す最初の手がかりは、『記録映画』編集部のトイレにある。

東京、銀座の南端、今は高速道路が走っている場所には、かつて新橋の川が流れていた。その川沿いにあったレンガづくりのビルが、日吉ビルである。空襲を焼け残った日吉ビルの四階・屋上には、粗末な小屋が建てられていて、その中に教育映画作家協会の事務局があった。(5) 教育映画作家協会の機関誌『記録映画』の編集部は、そんな作協事務局の一つの机に設けられていた。(6) ある日、日吉ビルへ作協を訪ねた中部映画友の会の玉林恵美子は、トイレで赤い網に入った石けんを見る。ミカンの赤い網を工夫して、石けんを最後まで使い切る智恵に、玉林はおどろいた。(7)

実は、日吉ビルの三階には、「暮しの手帖」社が入っていて、共用のトイレに『暮しの手帖』の関係者が、工夫をこらしたのだった。『記録映画』編集担当の高橋秀昌は、日吉ビルの狭い階段で、何度か長髪の花森安治とすれちがったそうだ。(8) 『記録映画』と『暮しの手帖』の間には、同じビルの三階と四階という以上の具体的なつながりはないけれど、同じ時代に、響きあう志を共有しているさまを読みとることができる。

それは、映像をつくる人、映像を見る人、それぞれを個人として尊重し、それぞれの個人がそれぞれの暮らしの中で、映像を見るとは、映像をつくるとは何だろうか？　と根本的に考え直す志である。その上で、暮らしをゆたかにする工夫を、映画にこらそうと努力した志である。『記録映画』の志は、焼け跡のゼロ地点から少しずつ暮らしを立て直し、トイレの石けんを、ミカンの赤い網で工夫して、生活に幅をもたせる、そんな『暮しの手帖』の志と響き合っている。

3　『記録映画』の志

たとえば、『記録映画』創刊のきっかけをつくった映像作家・松本俊夫の二つの論文「作家の主体ということ」・「前衛記録映画の方法について」に、『記録映画』の志はあらわれている[9]。二つの論文は、その後の『記録映画』でかわされる議論の礎をつくった。

松本が主張するのは、映像作家と観客のそれぞれが、自分の瞳と心で対象を見つめ、対象と自分との関わりに思いめぐらせることの重要性である。大切なのは、社会（公）が要求する、知るべき重要な事柄、それについての知識や考え方、感動を、映画に教えこまれ、そちらへすりよっていくことではない[10]。自分と対象との関係性を見つめ、感じ、考えるような映像表現と受容の形を、松本は論じている。

一九三〇年代に確立した、ニュース映画とドキュメンタリー映画は、共通の知識と考え方を世界中に浸透させる役割を果たしたが、人びとの知識と物の見方を画一化する副作用を持った[11]。そんな「文化映画」型の表現様式とは違う、新しいドキュメンタリー映画の表現と受容の可能性を、松本論文は描く[12]。

松本は、アラン・レネ監督作品『ゲルニカ』（一九四九年製作）を見た時の、自身の印象を例にあげている。映画『ゲルニカ』でレネは、一度も絵画の全景をショットにおさめることがない。絵画「ゲルニカ」とピカソについての説明もない。それは、絵画について知るべき見方や知識を教えこむことよりも、絵画を見た時にざわめくレネの心を、表現することを試みたからである。レネは、絵画をみている時に心にあらわれては消える、言葉にし難い心象を、絵画「ゲルニカ」、新聞記事、オブジェ、一九〇二年から四九年までにピカソが描いた絵画をコラージュすることで見つめた。
映画『ゲルニカ』の基点は言葉である。レネ同様、多くの人は、「ゲルニカ」の名を新聞を通して知った。「ゲルニカ」「戦争」「ファシズム」「勝利」「抵抗」。これらの新聞言葉で「ゲルニカ」を理解する。「戦争」「ファシズム」に「抵抗」し「勝利」せねばならない、といった形で。しかし、言葉では説明しきれないものが絵画「ゲルニカ」にはある。言葉によってつくられた「ゲルニカ」のイメージを、レネは映像のイメージによって、くつがえし、広げていく。
レネが感動して見つめたのは、ピカソが描いた瞳であり手であり舌である。それらは、「戦争」や「ファシズム」といった公の新聞言葉では説明がつかない。それよりも、ピカソが絵画「ゲルニカ」以前から、愛人ドラ・マールたちをモチーフに描いてきた、人間の不安・いさかい・絶望・うれい・泣くこと。そういった人間の暗い情動や欲望の表現が、絵画「ゲルニカ」に描かれた表現につながっている。[13]日常の暮らしから遠い「戦争」や「ファシズム」といった公の言葉ではなく、レネも観客も日々感じる、私的な生の矛盾と限界。それが絵画「ゲルニカ」のモチーフになっていることをレネは見つめ、自身が「ゲルニカ」という公の言葉にイメージしていた理解が、絵画を見つめる内に、くつがえされ、自身と関わりのあるイメージへと変容していく様を映像で表現した。[14]
松本は、「ゲルニカ」「戦争」「ファシズム」といった公的なイメージが、映画を見つめることで、一人一人の身にせまったものへと、心の中で変容する印象を、抑圧／疎外された本能と無意識を映画が刺激し、解放したと分析する。大切なのは、あるべき考え方と知識を啓蒙し、教えこまれる権力関係ではない。映像作家、映画観客が、対象との関係の中で、それぞれに大切なものを見つめ、感じ、考え、かわっていくことをうながす表現である。[15]
ピカソ―絵画「ゲルニカ」―レネ―映画『ゲルニカ』―観客松本。それぞれの関係への凝視を、表現の基点にする。そのことで、映画『ゲルニカ』のように、心の内に抑圧されているエネルギーを解放するような表現を、ドキュメンタリー映画でつくる道がひらけるのではないか、という提案が松本の論文の核心である。
この論文で松本がイメージしている表現の形は、自身が親しんできた実験工房などの、抽象的な美術表現の映画的な展開だ。松本のイメージは、一九六〇年にジャンル意識として確立する日本の「実験映画」表現に指針をあたえることになる。[16]
映画を通して、公的で画一的な物語と感動を教えこむのではなく、映像をつくり、見る営みの中から、一人一人がそれぞれに感じ考えるような表現のあり方を、松本の論文は提起した。それが『記録映画』の志の礎になった。

4　シュルレアリスムの教養経験

この論文が書かれた松本の基礎経験をながめることで、『暮しの手帖』と響きあう、『記録映画』の志を、私たちはもっとよく感じることが出来る。

松本が論文を書いた基礎経験は、映画『ゲルニカ』を見た、一九五五年一〇月三〇日にある。それは、東京青山の日本青年館ホールで開かれた「講演と映画の夕」でのことだった。この日、批評家・針生一郎の解説付きで映画『ゲルニカ』が上映された。[17]東京大学で美学を学ぶ針生の後輩だった松本は、その翻訳を手伝うほどに針生に近しく、その批評に影響を受けていたのだから、『ゲルニカ』を見にいったのも当然だろう。

松本は、一九五五年四月に大学を卒業して、新理研映画社へ入社しながら、その後も雑誌『美術運動』などに、シュルレアリスム絵画についての批評を投稿している。[18]松本は学生時代からずっと、針生一郎やフロイト、瀧口修造、岡本太郎、花田清輝らの芸術論の読書や、実験工房の展覧会、小山田二郎の絵画鑑賞などの教養経験を重ねていたのだ。その教養経験が、『ゲルニカ』を見た時に、シュルレアリスム的な映像表現の可能性を松本にひらめかせた基盤にある。[19]

松本の教養経験は、シュルレアリスム表現に感動する心のメカニズムを明らかにした。それは、抑圧／疎外された無意識的な本能を表現が刺激し、解放することで、個々人と世界をかえるエネルギーが生まれている、という感動の解釈だった。シュルレアリスムについての教養は、現代の社会の抑圧は、人間の感性までも画一化して、人間に本来そなわっている感動と情動の発揮をさまたげている、という社会―人間モデルを描きだすことにもつながっている。そんな感性の画一化から、それぞれの人々の本性を解き放つには、知識の啓蒙では不充分で、抑圧／疎外された本能を刺激するような表現が大切なのだとする発想が、シュルレアリスムの教養経験から生まれてきた。[20]

そんな美術批評から得た教養経験と、『ゲルニカ』に受けた感動。この二つの経験が、先ほどの二つの論文で、映画表現への希望を、文章にまとめあげた松本の基礎経験である。[21] シュルレアリスムの教養経験は、運命的に画一化した、個々人の感性を解放すること、それを重視する基盤になったのである。

5　共産党文化政策刷新の時

さらにもう一つ、松本の基礎経験にとって大切なのは、一九五五年一〇月三〇日の上映会の雰囲気である。実は、上映会は新日本文学会が主催した創立一〇周年の催しであり、中野重治や椎名麟三、広津和郎らが講演もおこなっていた。それは、共産党の文化政策をめぐって分裂していた『人民文学』と『新日本文学』が、一九五五年七月二七日から二九日にかけて開催された共産党第六回全国協議会（六全協）を最後のキッカケにして、和解・合同したことをアピールする意味をもった催しだったのだ。[22]

松本も学生時代からの共産党員で、山村工作隊に加わった経験を持ち、『ゲルニカ』を見た時にはすでに、共産党の映画部に所属していた。松本は、党に集う芸術家たちによる運動が、世の中をよくすると考える習慣を身につけてはいたが、それまでの運動の経験の中で、党の指令によって党員たちが統制され、指令に異をとなえるものが処分されるような統制体質に嫌気をおぼえてもいた。共産党国家・政権の確立を支持する考えを、芸術表現によって知らしめ、人びとの気持を誘導・統制していくようなやり方は、一九五〇年から五五年にかけて、党利党略のため、無責任に多くの人たちに犯罪と暴力をおかさせて、傷つけていた。その中には『記録映画』の書き手も多くふくまれていて、たとえば映像作家の黒木和雄も共産党の統制的な運動に傷ついた一人だった。[23]

『新日本文学』と『人民文学』の対立は、そんな党の政策のあり方をめぐって起きた分裂であり、その合同は、従来の統制型の芸術運動のあり方を刷新する意味を持っていた。だから、文学だけではなく映画や美術の分野でも、従来の芸術運動を刷新する雰囲気を、多くの人たちが歓迎していた。そもそも、教育映画作家協会自体が、従来の映画運動を刷新する目的をもった組織である。[24]というのも作協は、一九五五年まで活動してきた記録映画教育映画製作協議会という団体を刷新したものだったからだ。[25]

その刷新の催しで、松本が『ゲルニカ』に心ざわめいた感情に注目したことが大切だ。シュルレアリスムの表現が、個々人と世界をかえるエネルギーを生みだす、という松本の展望は、芸術運動によって人々に党の思想を教えこんでいく、統制体質の問題に、運動の形としても、オルタナティブを示す可能性を持っていたからだ。[26]党を支持する意識を画一的に教えこむよりも、個々人の心の変化を重んじるという展望を、表現だけではなく運動のレベルでも、『ゲルニカ』が示したのである。

一九五五年一〇月三〇日の経験は、一人一人の心の解放を目指す映画の表現が、世の中をよくする映画運動の指針にもなりうると論文に書いた、松本の基礎経験になった。

6　表現と情報の多様化

記録映画作家たちは戦前から自ら専門雑誌を創刊し、自身の映像制作について書く習慣を身につけていた。[27] だから、松本の問題提起に刺激を受けて、さまざまな議論が『記録映画』誌に書かれていく。その一つが新しい映像表現の可能性をさぐるものだ。議論の中で、論者たちの念頭にあったのは、多様な映像表現を鑑賞した映画経験である。

一九五四年から開催された国際短篇映画祭をはじめとして、敗戦と占領をへた日本では、各国の多様な映像が上映されだした。[28] たとえば、一九五六年四月一日に日本で封切られたカナダのノーマン・マクラレン監督作品『緑と色の即興詩 Blinkity Blank』（一九五四年）。その特異な表現は、映画監督・羽仁進に刺激をあたえた。その刺激の秘密を探究して、各国の映画表現や八ミリ映画、アメリカの実験映画の動向などを雑誌『芸術新潮』誌上で羽仁たちは追求する。それを一つのキッカケに、上映研究会「シネマ」が立ち上がって様々な映像が上映され、勅使河原宏ら「シネマ」の同人たちは、実験映画『東京１９５８』（一九五八年）の自主製作をおこなうまでにいたる。[29]

そんな経験が共有できた時代状況が、『記録映画』誌の抽象的な映像論に説得力をあたえた。様々な映画表現にあらわされた、新鮮な感じ方、物の見方について論じられた。一九五八年から展開した『戦艦ポチョムキン』自主上映運動は、映画の輸入を制限していた輸入クウォーター制度を緩和する役割を果たす。それだけではなく、見たい映画を自主的に上映するという習慣が、多くの人に浸透するキッカケもつくった。[30]

『記録映画』誌が主催したドキュメンタリー映画の各種上映研究会も、そんな自主上映会の一つである。一九五九年四月以来、内外のドキュメンタリー映画を上映していく。[31] ポーランドや中国といった国でつくられた、それまでは知られていなかった表現形式の作品も紹介した。一九六〇年四月一九日に開催された特集上映「世界の実験映画を見る会」

では、表現の形式に実験性をもった作品をあつめた。

実際には見られない古今東西の映像についても『記録映画』は文章で紹介している。たとえば、ジョルジュ・サドゥールが紹介したアヴァンギャルド映画についての文章を大島辰雄は翻訳した。[32]ジャン・ルーシュの映像も文章で紹介している。[33]瀧口修造と内田岐三雄が戦前に翻訳した、フランスの前衛映画についての文章を『記録映画』は掘り起こす。[34]世界の映画情報の自由化を目指す『世界映画資料』と連動した記事も多い。[35]これらは、多様な映像表現を観賞する習慣の延長にある、ふるまいだ。呼応するように、世界の映像も多様化をとげつつあった。一九五九年にフランスで初の長篇劇映画を発表したゴダールやトリュフォーの出現は「新しい波」と呼ばれ『記録映画』でも、アニエス・ヴァルダらの作品と共にあつく論じられた。[36]アメリカでのエイモス・ヴォーゲルやジョナス・メカスたちの活躍も日本にとどいている。[37]彼らの存在と表現は刺激をあたえた。

アート・シアター・ギルド（ATG）や草月シネマテーク、シネクラブ運動、フィルムセンターの日仏交換映画祭等々、古今東西の多様な作家の多様な表現にふれられる機会はさらに増えていく。[38]外国映画といえばアメリカ製劇映画ばかりが上映されていた占領後の日本に、東欧や中南米、アフリカでつくられた映画の作品と情報がもたらされ、さまざまな形式の表現をもった映画が上映されたのである。一九五〇年代の後半から六〇年代にかけて、日本で上映される映画は多様化をとげた。

7　復興と経済成長

世界の多様な映画の表現にふれることは、『記録映画』誌上で夢見られた、抽象的な映像論に具体的なイメージをあたえていた。『ゲルニカ』はその最良のサンプルだ。

しかしなぜ、新しい映像表現を多くの人が追究したのか？　新しい表現を要求したのは、新しい状況である。敗戦から一三年、高度経済成長と戦後復興をとげて、焼け跡でむき出しだった傷が見えなくなりつつあった。もはや、従来の運動映画の表現では、心の貧しさや心の傷といった、見えない問題に近づくことが出来ないと、多くの映像作家は感じていた。[39] たとえば、アラン・レネ監督作品『二十四時間の情事』（一九五九年六月二〇日日本封切）が、復興していくヒロシマで見えなくなっていく傷を、どうしたら見ることが出来るかを表現した点に、作協の作家たちの多くが共感している。[40]

そこで、対象を見つめる常識的な見方をはぎ取って、新しい見方を発見することを模索したのが「モノ（オブジェ）」論である。映像作家・野田真吉は、松本の「モノ」論に直接に影響をうけて、映像作品『忘れられた土地』（一九五八年）をつくった。松本俊夫の『安保条約』（一九五九年）は、安保条約は悪法だから反対すべきという法案の見方を相対化することで、安保条約に一人一人がそれぞれに向き合うイメージを描こうとした。『西陣』（一九六一年）を撮影した宮島義勇カメラマンは、人物を正面からはとらえず、後ろ姿、横顔、頭頂部といった部分を、クローズアップによって撮影した。対して、泥人形や地蔵といった人間の似姿だけは正面から撮影する。その表現は、人間の見慣れた姿と表情を、普段とはちがった見方で表現する意味をもつ。異質な人間表現に直面することで、人間の姿と仕草をあらためて見つめ、感じ直すキッカケが生まれることが意図されている。平野克己、康浩郎、小川紳介、大和屋竺、田中陽造、葛城哲郎、足立正生といった次世代の映画、テレビをになう大学生たちは、『記録映画』の松本らの議論を積極的に吸収して、実験的なドキュメンタリー映画を自主製作した。[41]

議論は表現の青写真にもなったのだ。野田は、新しい物の見方を表現するヒントが、不可思議な民話と魔術が人びとをひきつけてきた日本の伝統の中にあるのでは、と考えをふくらませて論じた。松本は、やみくもに多様性を求める姿勢を批判した。多様な表現は、ステレオタイプを破壊して、憎悪やエロスのように抑圧された感情を刺激するから、感動をもたらす。感動の根拠は、人間の肉体と本能にあり、そこに多様性の根拠がおかれるべきだと、指針を示した。[42]松本と野田は議論を共にリードした。[43]野田は『記録映画』の編集長もつとめた。[44]

8　多ジャンルの交流

新しい状況に対して、新しい表現を求めたのは映画人だけではない。文学・美術・思想・音楽それぞれの分野で、新しく現実をみつめる表現が求められていた。「記録芸術の会」といった表現者たちの集まりが、同時代に次々つくられ、『記録映画』と交流をもった。[45]花田清輝、大島渚、安部公房、吉本隆明といった執筆者がそのあらわれである。

多ジャンルの表現者が参加したことは、『記録映画』誌の内容と読み手を、記録映画界に閉じることなく、そこで論じられる問題を劇映画や文学・思想・音楽・演劇、表現一般の問題と関連づけて展開する意味を持った。特に美術表現は、フィルムよりも簡単に古今内外の作品にふれることが出来たので、映像表現の手本になった。交流のキッカケは、直接には雑誌『映画批評』にあり、その淵源は野田真吉の経験の中にある。[46]

雑誌『映画批評』は、一九五〇年代の、多ジャンルの表現者が交流する習慣の中から生まれた。製作者懇談会という表現者の集まりを手がかりにして、粕三平が映画雑誌『映画批評』を編集した。野田は、広い人脈から、いち早く『映画批評』に参加し、『映画批評』と『記録映画』が交流する架け橋になった。『映画批評』の有力な書き手だった、大島渚や吉田喜重たちが、『記録映画』に積極的に寄稿するようになる。彼らは、劇映画の世界で「(松竹)ヌーヴェル・バーグ」と呼ばれる新しい表現を創造しつつあった。彼らの発想は、ドキュメンタリー映画界の「ヌーヴェル・バーグ」誕生と響き合った。『映画批評』廃刊の後も、野田や吉田は「戦後映画研究会」を発足して交流をつづけ、雑誌『戦後映画』を発刊、「戦後映画研究会員」が『記録映画』へ寄稿している。[47]

野田の経験には広さがある。一九三三年の学生時代から、詩人の中原中也と交流をもつ詩人でもあり、シュルレアリスムにまつわる教養経験が深かったことが一つ。[48] その経験は、戦後も「現在の会」といった集まりで、安部公房らと交流をつづけることにつながり、多ジャンルの表現者が『記録映画』で交流する呼び水になった。[49]

他方で、野田は従来の左翼文化との関係も深かった。たとえば、国民文化会議や映画サークルといった大衆運動とのつながりを保ち、そこに集う人たちが『記録映画』に参加する回路を野田はひらいた。[50]『記録映画』で、新しい文化運動と従来の大衆文化運動が共存できた回路は、野田の広い経験に一つの根があった。

9　映画における戦後責任──研究会との連動

従来の左翼映画運動を反省し、刷新する議論が『記録映画』で深まったのも、そんな野田の経験の広さに一つの理由がある。議論自体は松本の問題提起を基盤にかわされたが、運動の担い手と語りあい、実際にフィルムを見て作品を検討できたのは、野田自身が従来の左翼映画運動の一員で、関係者とフィルムとの縁が深かったからでもある。

戦争前夜のプロキノの活動、戦時下の戦争協力映画、そして一九五〇〜五五年までに共産党の映画政策「国民映画政策」の下でつくられた運動ドキュメンタリー映画。それらを、表現と、作家たちのメンタリティーについて議論している。たとえば、一九五九年一月五日・六日・八日、「記録・教育映画製作協議会の作品及び運動の再検討」をテーマに、記録映画研究会が開催された。作協の前身でもある記録映画教育映画製作協議会が製作したドキュメンタリー映画を上映、討論している。その結果を野田真吉は『記録映画』一九五九年二月号で記した。[51]『記録映画』の文章の多くは、こんな風に上映会・研究活動を基礎経験にしてつづられている。[52]

これらの議論が「戦後責任論」と呼ばれたのは、文学の分野で吉本隆明と武井昭夫が提起した『文学者の戦争責任』

に影響を受けて立論されたからである。吉本の発想にならって、戦争中の国家による統制体質にならったメンタリティーを、戦後の映画人が共産党の統制体質にならって継続してしまったゆえのあやまちが、「戦後責任論」として論じられた。(53)

映画の分野でも、一九五一年から一九五五年にかけて共産党の映画部が採択した映画政策「国民映画政策」は、映画人に強力な影響をあたえた。政策は一九五五年の六全協で完全否定され、共産党映画指導部も解散した。しかし、運動のなかでつくられた『京浜労働者』などの記録映画の物語となった反米・民族独立と叫ぶナレーションは、映画政策に従ってつくられている。映画製作の指針は、民族の解放に映画で寄与する、という政策がとなえた物語におかれたのである。映画政策が、運動の形と映画の表現を統制し、党の指令に異を唱える映画理論家の今村太平は秘密裏に除名処分を受けるなどの、統制体質も発揮された。

「戦後責任論」によって、統制体質の反省の中から新しい運動と表現のきざしをつかむことが期待されたが、共産党の政策との関わりを、当事者たちが具体的に議論することもなく、考えは深まらなかった。それには、吉本隆明の議論が、軍国少年として自身のメンタリティーを見直すという、個人的な主題を含み持っていたのに対して、映画の分野では、具体的に自身の経験を、その心理にまでさかのぼって論じた人物は桑野茂以外にはほとんどいなかったことも理由の一つである。(54)その違いは、従来の映画運動を、個々の経験や心と関係づけて論じる回路を断ち切り、映画政策を是と見るか否と見るかの泥仕合へと、議論を導いてしまう一因になっている。(55)従来の形にならった映画運動は、六全協後も、学校教育と労働組合の視聴覚教育運動として展開したが、一九六三年頃から活発な活動がみられなくなる。(56)

10　PR映画製作という仕事

こんな風に、新しい表現と新しい運動への『記録映画』の志は、多くの人たちを巻きこんで拡大していく。その最大の主題の一つが、作協会員たちがＰＲ映画製作にいだいた悩みである。

そもそも、松本の論文「作家の主体ということ」は、作協の会員たちがＰＲ映画製作という生業にいだいた不満に対して発表された論文でもあった。それまで教材映画の製作が数少ない収入の機会だった記録映画作家たちに、一九五五年頃から、ＰＲ映画の製作はたくさんの仕事をもたらした。[57] しかし、作家たちは「資本家」の注文通りの仕事を押しつけられることに不満があって、自分たちの発案による自主映画をつくりたいという意見を、研究会をひらいて作協で語りあっていたのである。[58] その心は、「作家の自主性のために」という文章などにあらわれている。[59]

調べてみると、アメリカから導入されたＰＲという言葉は、一九五五年頃に日本に定着した言葉だ。それは一九五五年三月に設立された財団法人・日本生産性本部が、労働者の精神を、企業生産の合理化のために、いかにマネジメントするかを研究する中で導入した「生産性用語」の一つでもあった。[60] 企業のＰＲ活動は、もちろん企業活動とその社会的意義を株主や社会に知らしめる目的をもって活発になったことではある。しかし、ＰＲという言葉が定着した経緯が象徴するように、その言葉に含まれた目的は、企業活動の合理性を、働く人々の心に浸透させ、疑いなく企業利益を追求するよう統制していくことにもあった。映画製作者の加納龍一も、哲学者・鶴見俊輔のコミュニケーション論をもとに、ＰＲ映画がテレビの普及によって多くの人に見られるようになれば、個々の家庭の話題よりも、広告の話題が人びとの心を占めるようになり、結果的に、表現と話題が画一化していくであろう傾向を問題視している。[61]

ＰＲ映画の製作者たちは、こんな傾向に加担する仕事に罪悪感を覚えていたのである。

11　ＰＲ映画製作と主体

しかし、作家たちが構想した「自主的な作品」とは、従来の啓蒙的なドキュメンタリー映画だった。つまり、アメリカの帝国主義や日本政府、資本家がどんな風に悪くて、それに労働者たちは虐げられているから、団結して闘おうではないか、という公式的なメッセージに映像を当てはめていくような運動映画が、「自主的」な作品としてイメージされていたのである。[62]

松本がそれに対して「主体」的な作品という新しい言葉で、新しい作品を提起したのは、一つには、一九五五年までの映画運動の失敗が示すように、従来の映画表現の形ではもはや充分ではないのだから、新しい表現の形を模索しようではないか、という提案の意味があった。さらに、「主体」という言葉には、自身の無意識までも含めた日常のさまざまな感覚を表現の基点にするべきではないか、という提案の意味もあった。つまり、作家のやる気（意志）を基点にする「自主」という発想から、作家の肉体を基点にする「主体」という発想への転換をはかったのである。

すなわち、従来の啓蒙的なドキュメンタリー映画をつくろうとする意志は、もちろん大切なものではあるけれど、それは日々PR映画製作でお金をかせぎ、暮らしを立てている一人一人の作家の心と生活からあまりにもかけ離れた映画である。それをつくることは、自分たちの生活にほとんど関わりがないのだから、当然に観客たち一人一人の心と暮らしからも遠い。もっと、自分と関わりのある事柄を、自身の感性にせまるような映画表現でつくることが今大切なのではないだろうか、という問いかけを含むのが「主体」の概念であった。

実際に、松本が実践したのは、PR映画製作をする自身の感覚を、PR映画の枠組みを逸脱しすぎることなく、映像によって表現することだった。この試みが成功した作品の一つに、やや後年のものだが『晴海埠頭倉庫』（一九六五年）というPR映画がある。物流の拠点としてつくられた晴海埠頭倉庫の全貌と機能をPRする映画で、松本は、晴海埠頭倉庫を見た時の、その大きさと迫力への驚きを表現の基点にする。移動撮影と、画面内で対象がリズミカルに移動する撮影設計でショットが構成されることによって、映像の移動感が全編をつらぬき、松本の驚きが表われている。松本は他にも『300トン・トレーラー』や『春を呼ぶ子ら』などでも、PR映画の枠内で、自身の心や物の見方を映像で表現する工夫をこらした。松本はそれらのPR映画を「習作」と呼び、自主製作で自由度の高い「作品」の方を重視してはいるのだが、「自主性」にもとづいて、従来とかわりばえしない運動映画をつくろうとする傾向には、待ったをかけたのである。

12　PR映画製作者の生理感覚

PR映画についての、松本の問題提起に最もよく呼応したのは、映像作家の黒木和雄だった。[63] 黒木を支えた、瀬川順一、鈴木達夫、小村静夫、清水一彦、大津幸四郎といったカメラマンたちの「生理感覚」へのこだわりが、PR映画に新しい質の表現をもたらした。[64] 改造アイモを駆使したカメラマン・小村や清水、鈴木が撮った映像は躍動感にあふれている。[65]

そんな、「主体」の提起に呼応する「生理感覚」の意識とは、岩波映画社の撮影現場、編集現場でかわされたお喋りの中で、はぐくまれていった感覚である。[66] たとえば、瀬川順一は、ドキュメンタリー映画の撮影について議論するカメラマンの習慣を、戦前から身につけていた。有名な議論としては、亀井文夫監督と三木茂カメラマンの「カメラマン・ルーペ」論争がある。議論の一つの端緒にもなった、おびえた顔を撮るために亀井が羽交い締めにした中国人の子どもの顔を、三木が撮影を拒否したという経験などが、撮影現場で語り継がれていた。三木はそんなやり方で対象に向き合うことに生理的に嫌悪感をおぼえて、撮影を拒否した。瀬川は、三木の助手として撮影に同行し、亀井と三木それぞれの行動と感性のどちらが映画製作にふさわしいのか、思いをめぐらせていた。土本典昭と黒木は、現場で瀬川たちからそんな話を聞いて、カメラマンと演出家が、対象に対して生理的に感じたことを、戦争賛美やPR目的のような制限の中でも、いかにして映像で表現できるか、という意識を表現の規範としてはぐくんでいった。(67)製作者の対象への生理感覚をPR映画の枠内で表現する、という問題意識は、松本が提起した「主体」の問題に響きあうものだった。そんな風に黒木たちは、伊勢長之助、瀬川、三木、菊地周、亀井といった先達の問題意識と表現技術の内から、輝くものを盗みとってふくらませていく。(68)

まず黒木は、松本の論文に刺激を受け、コメンタリーの製作をたのんだ詩人の飯島耕一にシュルレアリスム思想を学んだりしながら、『海壁』(一九五九年八月完成)『ルポルタージュ・炎』(一九六〇年一二月完成)『恋の羊が海いっぱい』(一九六一年九月完成)といったPR映画をつくった。そこで、だいたんな移動撮影や色彩設計、抽象的なイメージを表現していくことになる。(69)黒木のそばにあった映像作家の土本典昭が、「同時期、松本俊夫は理論的に作家のあり方を掘さくしていた。松本の理論を黒木ほど吸収し、戦友感を共有し、更に論理の再生産を迫った作家は少ない」と評している。(70)『ルポルタージュ・炎』がワンピースの赤でショットを構成する表現は、シュルレアリスム的である。同時期につくられた松本俊夫の『安保条約』(一九五九年八月完成)や『白い長い線の記録』(一九六〇年三月完成)と同様に、シュルレアリスムの美術表現を参考に、実験的な映画表現が実現された。(71)

あたえられたPR映画のテーマに制限されながら、作家の生理を表現するには、映像表現の方法に工夫をほどこすしかなかった。ゆえに黒木たちスタッフは「従来のドキュメンタリィに挑戦し」、「意識的に自然主義リアリズムからの離脱をはか」ることになった。(72)その時にさらなる導きの糸になったのは、カメラマンたちが育んできた、生理感覚をPR映画の枠内で表現する、という問題意識である。

生理感覚表現の追究は、カメラの小型化と、それを自在に使いこなした鈴木達夫や清水一彦といったカメラマンによって、新しい映像表現を生みだす。ちょうど一九六〇年頃に、カメフレックスや改造アイモ、アリフレックスといった、小型で機動力も撮影性能も高いカメラが、日本のドキュメンタリー映画界に普及していった。カメラが小型化するということは、カメラマンの生理感覚に応じてカメラが移動する自由が高まることを意味した。たとえば、後ろで声がしたら、それに応じてパッとふり向くような人間の生理感覚に近い視線の映像が、カメラの小型化によって可能になった。そして、鈴木や清水は、小型カメラをつかって思ってもみない映像表現をつくりだしたのである。その基礎経験には、一人一人のカメラマンの生理感覚についての意識があった。(73)

13 岩波映画と地理テレビ

この傾向は岩波映画社が製作し、一九六一年六月から日曜日に放送されていたTV映画「日本発見シリーズ」通称「地理テレビ」で極点に達する。(74) カメラマン・大津幸四郎は、当時の鈴木達夫の最高傑作の一つと評する地理テレビ『佐賀県』(一九六一年七月一三日完成、土本典昭監督)について思い返している。「そのころPR映画は、人間を撮るときも近くにいって三脚をつけて撮る。鈴木さんはそうじゃなくて手持ちで撮ったり、75ミリくらいの望遠をつかって、農民がわらを背負って歩いてくるところを撮っちゃう。田んぼのこっちの畦道にいて、向こうの畦道を歩いてくるのを、斜め前からずーっとつけて横位置まで撮る」。ムツゴロウを捕る人の足を、流れるようにとる鈴木の手持ちカメラの使い方にも大津は衝撃を受けたという。(75)

対象によりそって見つめる、遠くから対象をながめる。どこから見つめるか。対象の何に心がひかれているのか。心の向くままに、カメラと視線が移動していくことが、対象と撮影者の間に生まれた関係のみずみずしさを、ショットから立ちあがらせる。たとえば、土本典昭監督『路上』(一九六四年)で、タクシードライバー一家が暮らす小さな部屋を、鈴木のカメラはゆっくりと静かにぶれながら、パンしてながめ、赤ちゃんと食器を見つめ、片づけをする奥さんの後姿、ゴミ箱、陽がすけるカーテンの質感へと視線を移動させる。(76) はじめて誰かの家に来た時に、サッと部屋を見渡して、食器やゴミ箱といった生活の細部に目がいくと、その人のことがとてもよくわかることがある。そんな時の気分が、画面を見ていて生き生きと心に浮かぶ。脚本によって撮影計画をたて、三脚にカメラを固定して、何をとるのか綿密に撮影設計をした、それまでの撮り方では、表現できなかった対象とのみずみずしい関係が、ショットと編集にあらわれた。鈴木達夫の新鮮な映像感覚は、黒木和雄監督の劇映画『とべない沈黙』（一九六六年）で広く知れ渡ることになる。

従来のPR映画と違った表現は、クライアントと製作会社首脳部を戸惑わせ、黒木演出『群馬県』（一九六一年一二月完成、撮影鈴木達夫）と土本演出『東京都』（一九六二年）は納品・放送がかなわないほどだった。[77] この「地理テレビ問題」を『記録映画』誌一九六二年四月の研究会はテーマにあげている。土本、黒木、秋山欣一をゲストにむかえ、それぞれの地理テレビ作品を検討する「地理テレビ問題」研究会を開いたのだ。「地理テレビ問題」について黒木が、岩波映画社の労働組合に「制作側の主体性の回復」を依頼したのは、彼らが松本の問題提起の影響を受けていたあかしである。黒木ら岩波映画社のスタッフたちは、集まって議論や試写研究会も重ね、機関誌を発行、「地理テレビ問題」と映像表現について語りあっていた。後に「青の会」へとむすびつく、この岩波スクールの流れは、『記録映画』に「生理感覚」表現の伝統をもたらしたと解釈できる。[78]

もちろん、この傾向は岩波映画社だけに特徴的なものではない。瀬川浩は田中徹監督作品『その鍵をはずせ』（一九六〇年）を、小型のカメフレックスで撮影し、その手持ちの撮影技法は、勅使河原宏監督の劇映画『おとし穴』（一九六二年）へと展開している。[79] カメラマンたちの「生理感覚」についての伝統は、シュルレアリスム的な表現様式とは別に、新しい映像表現を生みだした。その生成には『記録映画』の論文や研究会が深くかかわりあっている。

黒木は『わが愛北海道』（一九六二年六月完成）『あるマラソンランナーの記録』（一九六四年）と表現に工夫をこらしたPR映画をつくりつづける。『あるマラソンランナーの記録』では、事前に撮影台本をつくることを止め、現場で感じたことを撮影していくスタイルを導入して、自身の対象への生理感覚を表現する工夫を重ねていく。[80]

映画批評家の山根貞男は、PR映画製作本数が激増する量的な変化の中から、新しい可能性を感じさせる質的に異なった実験映画・ドキュメンタリー映画が生まれた、とキレイなイメージで当時の黒木らの仕事ぶりについて見取り図をえがいている。[81] 量的な増大から質的な転換が生まれる根源には、シュルレアリスムと生理感覚についての伝統があり、その両者が着想・実現されるについて『記録映画』が影響している。[82]

14　映画を見る人たちの変化

戦争中の軍部や、戦後の共産党のような、公的な存在が教えこもうとする物語。それよりも、個々人の私的な、見るという経験と感覚を基盤に、表現を展開しようとする『記録映画』の志。その志は、シュルレアリスム思想や古今東西の映像／美術表現、生理感覚についての伝統などを手がかりにして、映像表現の形を多様で豊かなものへと変化させていく力になった。「ヌーヴェル・バーグ」が生まれた。

しかし、『記録映画』の志が変化をうながしたのは、映画をつくる人たちの心と技術だけではない。映画をみる人たちの心と行動にも変化をうながしている。映画観客たちについても、「私生活を公生活と同等、もしくはそれ以上に大切に考え」る傾向が、『記録映画』誌を通して、広まっていった。映画観客との関わりは、『記録映画』誌の、もう一つの見すごせないポイントである。

そんな映画観客との関係は、『記録映画』の編集者たちが、一九五〇年代の映画観客運動＝映画サークル運動に深く関わっていた経験を知ることで、展望がひらけてくる。『記録映画』の編集にたずさわった作協の事務局員九人の内、五人が映画サークル運動の重要な担い手で、彼らの経験は『記録映画』に大きな影響をあたえている。まずは、『記録映画』編集者たちの実像をイメージすることから理解を進めていきたい。

15 『記録映画』の編集者たち

『記録映画』の編集委員と執筆者のほとんどは、作協の会員である記録映画作家たちだった。しかし、実際に編集をおこなったのは、作協の事務局員とくに編集担当者たちで、彼らの中には記録映画作家は一人もいない。『記録映画』が発刊された一九五八年から六四年にかけて、編集部は、銀座・新大久保・西新井薬師の三カ所を引越し、この間に事務局員は総勢九名が作協につとめている。

まず最初の日吉ビルからは、家主からの申し出があって、一九六一年一二月二三日に退去する。引っ越した先は、東京都新宿百人町二―六六にあった三角屋根の一軒家。歌舞伎町をぬけて新宿職安をもう少し新大久保の方へ歩いたところに事務局があった。磯崎新が設計したネオ・ダダの拠点「ホワイト・ハウス」のすぐそばである。現代子どもセンター事務局と共同で三角屋根の家を事務局にしていた。一九六三年一一月に事務局は中野区松が丘一―一〇―一七へと引っ越す。西新井薬師駅から歩いて少しの場所で、かつて事務所だった経理事務士宅の一階を間借りした。この事務局は、『記録映画』廃刊後に、引きつづいて「映像芸術の会」の事務局になり、記録映画作家協会は銀座に新事務所をかまえることになる。

これらの事務所に勤務した作協の事務局員は最初は二人体制だった。加藤喜恵子は一九五七年七月一五日から一九五九年八月の二年少しを勤め、後任は妹のせつ子。山之内重己は一九五八年七月一五日から一九六二年一〇月までの四年強いて、後任は櫛野義明。『記録映画』が創刊された一九五八年六月から、事務局は編集担当者を一人増やした三人体制になるけれど、初代編集担当者の佐々木守が一九五八年一〇月一三日から採用されるまでは、山之内が『記録映画』編集も担当した。こんな風に、事務局全般を取り仕切るのが山之内で、主に経理を担当する加藤という役割分担だったが、編集担当以外の事務局員も『記録映画』の発行に関わっていた。

そんなエネルギッシュな事務局員の代表は、加藤せつ子の後任になった武井登美江である。一九六〇年三月二五日から『記録映画』が廃刊した後の一九六四年五月までの四年強をつとめた武井は、その後、映像芸術の会の事務局員を務め、のちに松本俊夫プロダクションのプロデューサーになる。

編集の佐々木守が東京シネマ、創造社で映画製作に専念する後任として編集担当になったのは、高橋秀昌である。高橋は、一九六一年三月一六日から九月一五日まで編集を担当した後、吉本隆明らの同人誌『試行』の編集にたずさわる。その後を和田恵美が引き継いだ。のちにデザイナーとして仕事をするワダエミその人は、一九六一年一一月に渡辺純子に仕事をひきつぐ。それまではシナリオ作家協会の事務局につとめていた渡辺は『記録映画』に執筆依頼をしたキッカケで音楽家の一柳彗と結婚する。

事務局に一番長くつとめた山之内が西武デパートへと転職した後を受けたのが櫛野義明。櫛野は武井・渡辺と共に『記録映画』廃刊後に事務局を辞め、武井と共に映像芸術の会の事務局員になった。

彼ら事務局員たちが『記録映画』誌をつくる裏方役をつとめた。その内で、山之内重己、武井登美江、佐々木守、高橋秀昌、和田恵美が、映画観客運動の担い手だった。サークル運動を通して、機関誌づくりの経験をつみ、映画観客(『記録映画』読者でもある)と製作者の間をつなぐ事務能力経験にたけていたことが、作協が事務局運営を山之内たちに頼った一番の理由だろう。『記録映画』は映画観客運動の中から生まれた雑誌でもあった。

16　映画サークル運動の伝統

彼らは映画観客運動の中心で活躍してきた。山之内は一九四八年の創立当初から東京ならびに全国の映画サークル協議会の中心で働いてきた。作協の事務局員になった当時も、池袋など、東京の城北地区の映画サークル協議会の代表だった。(83) 武井は、義兄の玉林定治郎が東京の中部映画友の会の会長をつとめていた関係で、映画サークルの事務局に務めた後で、山之内に紹介されて作協事務局につとめる。佐々木も、城北映サや東京映画愛好家連合の選定委員などをつとめていた。(84)

高橋秀昌も京都記録映画を見る会の中心で活躍し、京都大学でドナルド・リチーの上映会や記録映画に関するシンポジウムを開催したあとで、作協の事務局につとめた。和田恵美も京都記録映画を見る会の関係者で、「見る会」代表の浅井栄一にすすめられて、高橋の後任になる。

彼らは一〇年の観客運動の経験をへて、観客運動にとって大切な問題は、いかに多くの人数を集めるかという組織論よりも、個々の観客が映画を見る感性と意識を変革していくことにあるという問題意識を、『記録映画』誌にもたらした。

そもそも、戦後の映画観客運動＝映画サークル運動は、敗戦までに、戦争協力映画を見た観客たちの共通経験を一つの基盤にして生まれた。敗戦をキッカケに、挙国一致してお国のために戦争に協力するような物語を映画に見て信じた習慣を、人びとは反省した。反省の中から生まれてきたのは、そのような「誤った」物語ではなく、世の中の苦しみや悲しみを解決するような「社会的」で「正しい」物語を、映画から受け取る機会を確保しようとする目標を持った運動だった。共産党の映画政策に指導された、独立プロ劇映画や記録映画が教えこむ、「正しい」物語を、映画で見る機会を、映画サークル運動は確保することを目指した。そのために各地の映画館に団体で交渉して、その種の映画の上映をサポートした。(85)

その中核になったのは、「正しい」物語を支持する映画観客を、いかに組織するかという論理である。事務局員の山之内は、東京だけではなく、全国の映画サークルをオルガナイズして歩いた経験を持つ。

しかし、映画を見ている刹那に生まれる私的な感覚や感情よりも、多くの人が映画で共有する物語やメッセージ、社会的な有効性といった公的な要素が、映画を見る経験においても重視される。その構造について、戦争協力映画と映画サークル運動が求めた映画は、かわるところがない。個々の画面にうつる木々のゆらめきや、人が歩む仕草を見た時に、個々の観客それぞれの心にわきおこる感情よりも、公的な物語が重視される傾向にはかわりがなかったのだ。

そんな映画サークル運動の姿勢は何度も議論され、方向が転換されてきたが、運動として決定的だったのは、一九五五年の共産党の文化政策の刷新である。敗戦後、共産党が指導してきた公的な物語は「正しい」ものだったはずなのに、その「誤り」を共産党自身が認めた瞬間に、公的な物語を映画を通して観客が学びとる習慣への、根本的な疑問が、映画サークル運動にとっても、決定的になったのである。

17 神戸映画サークル協議会の批評論

もちろん、多くの観客は共産党の運動や政策にかかわりなく、自身が映画に感じる楽しさにタガをはめるような、映画サークル運動の方向性に疑問を投げかけてきた。[86] その観客たちの声が、一九五〇年代の前半から一貫して、映画サークル運動を変化させていく原動力だった。[87]

結果的に、一九四八年の結成から一〇年をへて、一人一人の観客の文化意識を変革していくような新しい批評の形を模索することを、映画サークル運動の中心にしよう、という提案が映画サークルの全国会議で大きな話題を呼ぶにいたった。

その提案は一九五九年一一月二二〜二三日にかけて宝塚でおこなわれた第五回映画観客団体全国会議で、神戸映画サークル協議会の木崎敬一郎がおこなった。作協事務局員の山之内は木崎の提案に衝撃を受けた。一九六〇年七月〜九月号の『記録映画』に、神戸映画サークル協議会の木崎、米長寿、有井基らが、映画の批評論を掲載している背景には、このような映画サークル運動史の流れがある。[88] 彼らは神戸で、映画表現を批評する方法を研ぎ澄ませることで、観客たちが個々の意識をかえていく糸口をつかもうとしていた。[89] 一九五九年一月に神戸映画サークル協議会がかかげた目標にはこんなものがある。「映画をストーリイ中心に追うのも結構だが、個々の映像（ショット）内や映像と映像のつながりあい（モンタージュ）における登場人物や背景や小道具などの相関関係を、映像として注意してみるような習慣もつけていきたい」。[90] 多くの人が映画から共有する物語から、映像の表現をみつめる個々の観客の瞳の力へと、見る経験の基盤を転換しようとする意図がそこにはある。[91]

『記録映画』誌は、こんな風に、映画サークル運動が映画観客についてめぐらせていた様々な考えの内から、自らの志と響きあうものを、その最先端でキャッチして増幅させる役割をになった。

18 京都記録映画を見る会

映画サークル運動の伝統を、『記録映画』誌に最も強く注入したのは、京都記録映画を見る会である。それは、一九五五年の結成以来、「見る会」が記録映画の上映活動を中心にすえて、作協と密接な関係を結んでいたことも理由の一つだが、「見る会」が、個々の観客の意識変革を、つねに活動の目標にしてきた稀有の存在だったからである。[92]

一九五八年九月号から『記録映画』に「観客のページ」が設けられた際に、その記事のほとんどを、「見る会」のイベントについての内容がしめていることは、その象徴である。あるいは、「見る会」の上映活動は、作協が『記録映画』読者のために、事業活動として展開した上映会「記録映画を見る会」「世界の実験映画を見る会」の起源である。というのも、山之内は「見る会」代表の浅井栄一の影響を受けて、作協につとめる前から、見る会にならって映画サークルで記録映画の自主上映会をおこなってきた。[93] そして、記録映画作家協会が主催する上映会は、この映画サークル運動の上映会を起源にしている。

つまり、一九五九年四月二一日から、『記録映画』誌が第一回読者招待映画会としてはじめた、記録映画の自主上映会は、実際には、日比谷図書館地下ホールで映画サークルが以前から開催していた「優秀映画を見る夕」の第一一回上映会だった。山之内を通じて、作協が映画サークルに共催をもとめて実現したのである。以後、「世界の実験映画を見る会」などいずれの上映会も、作協と映画サークルの共催で開催されている。このような系譜をたどれば、『記録映画』の上映会は、東京の映画サークルの助けによって実現し、さらには京都記録映画を見る会の活動に起源があることがわかる。[94] 上映の細部を検討すれば、そのコンセプトにおいても浅井栄一の発想が大きな影響をあたえている。[95]

19　映画観客の疎外された意識

何より見すごせないのは、京都記録映画を見る会が、観客の疎外された意識に刺激をあたえることで、観客がかわっていくキッカケをつくろうとした数々の試みが、『記録映画』に大きな影響をあたえていることだ。[96] その事情は、「見る会」の高橋秀昌が編集を担当した一九六一年度の『記録映画』の内容を見ることで強く感じることが出来る。

たとえば、高橋秀昌が編集した、一九六一年六月号の特集「現代のエモーション」。情念・スリル・笑い・驚き・憎悪・恐怖・不安・痛み・エロティシズムといった感覚について、澁澤龍彦や寺山修司たちが論じている。

これは、勤勉さ、真面目さ、誠実さ、やさしさ、喜びといった感情に比べて、非合理的なものとして軽視されてきた人間感情への注目を意味する。合理性を常識として身につけた観客たちの、心の底で抑圧されている、無意識の本能的感覚を刺激する意図をもった発想である。

このような特集内容もその執筆者も、一九五八年から一九六〇年に京大の文化祭で、高橋が「見る会」と協力してプロデュースしたイベントに、その原型を見ることが出来る。たとえば、一九五八年に開催した「実験映画の会―特集SEX―」では、ドナルド・リチーの性的な八ミリ映画を上映、リチーが講演もおこなった。高橋の回想によれば、神聖な大学教室で猥褻な映画を上映するとは何事だ、と学生から脅迫を受けたという。高橋はその時に、性的な映画＝猥褻という常識に揺さぶりをかけることに成功したと感じたそうだ。[97]

一九五九年と一九六〇年の京大一一月祭で開催したイベント、一九五九年「戦後世代の解明」、一九六〇年「サドの眼」のテーマと講演者はもっと直接的に一九六一年度の『記録映画』の編集内容とつながっている。[98] 山田宗睦、森本和夫、飯島耕一、吉本隆明といった思想家たちへの原稿依頼も、表現と感性の「現代」性を問うような特集テーマも、東松照明の写真と粟津潔の装丁による表紙へとデザインが一新するのにも、高橋が京都記録映画を見る会で育んできた経験が大きな影響をあたえている。

20 『記録映画』の読者

映画サークル運動の中から、その志に響きあう問題意識を持っている人たちが、『記録映画』誌に影響をあたえた事情は、京都記録映画を見る会が松本俊夫監督作品『西陣』をプロデュースするまでに達する。それは読者たちにも影響をあたえた。

山形大学生で熱心な『記録映画』の読者だった俳人の斎藤慎爾は、『記録映画』とくに高橋が編集した時期の内容に大きな影響を受けた一人である。斎藤は「六〇年代前後に青春をおくった人々にとって、『記録映画』は記憶の襞のうちに特別の位置を占めるものである」と回想している。「ドキュメンタリーの専門誌というのに文学・美術・写真等、他のジャンルにページを多くさくというユニークな雑誌だった。レイアウトもしゃれていた」と感じたそうだ。

そんな斎藤は、『記録映画』を手がかりの一つにして、吉本隆明・谷川雁・花田清輝・安部公房・寺山修司といった人々の本を読み進めた。『記録映画』への寄稿者でもある彼らの、現代思想・シュルレアリスム・新左翼などと呼ばれる新しい思想、表現についての書物を、『記録映画』誌と共に読む教養経験は、浅井と高橋の経験に影響されたものと解釈することが出来る。京都で、同様の読書経験を上映運動の基点にすえた教養経験を、高橋は『記録映画』の編集内容へと注入した。その内容が斎藤の中へとさかのぼって入りこんでいったのだ。斎藤はこの経験をふくらませて、出版社・深夜叢書社を立ち上げる。

一九六二年、斎藤は、わざわざ東京新大久保百人町の『記録映画』編集部をたずねた。雑誌へのあこがれもあって、山形での上映会の相談に来たのである。だが結果的に、財政難に苦しむ『記録映画』へ、自分たちが同人誌を印刷していた、割安の山形刑務所の印刷所を紹介することになる。『記録映画』の編集委員をつとめていた松本俊夫は、山形大学での講演料を交通費にして、山形刑務所と交渉し、『記録映画』は一九六三年五月号から山形刑務所で印刷されることになった。編集後記で山形刑務所が印刷所になった、と書かれている背景には、財政に苦しむ内情だけではなく、斉藤たち山形の読者との交流があった。[99] 印刷が得意な囚人が独房へ入れられた時、雑誌の印刷が遅れそうになったというのはオマケの話だが、映画観客と『記録映画』の関係はこのような点からも大切なものだった。

21　安保条約反対デモの経験──大衆という考え方の見直し

しかし、記録映画作家と観客との距離は遠かった。当時、記録映画が映画館で上映されることは皆無で、普通の映画観客が目にする機会はほとんどなかったからだ。[100] 『記録映画』はあまり売れた雑誌ではなかった。一般の映画観客がみる機会の少なかった記録映画を主題にして、抽象的な芸術論が多い内容だから、うなずけることではある。[101]

作家たちも、PR映画や教育映画を納品するのは、スポンサーであって、観客の存在を意識する機会は少ない。それでも、総評製作の『悪法』『安保条約』などの運動映画を通じて、観客にいかなる表現を届けるかという考えは作家たちに強かった。『安保条約』をめぐっては、観客にはわかりやすい物語を教えこむような映画こそが必要か否か、と観客像をめぐって激論がかわされている。[102] 一九六〇年一二月二八日の総会で、「教育」映画作家協会から「記録」映画作家協会へと会の名称がかわったことにも、観客をめぐって作家たちが議論していたことが見てとれる。[103] 教育映画という言葉が意味したのは、映画が描くメッセージを観客に教えこむという啓蒙図式であり、疑問視されたのは、製作者→作品→観客という啓蒙図式に即して、教えこむべき物語を描く映画のあり方である。教育映画から記録映画へ名称をかえた背後では、映画表現のあり方と、製作者と観客の関係のあり方が疑問視されていた。

そんな記録映画作家の対観客意識をさらに高めた基礎経験は、一九六〇年五月から六月にかけての安保条約反対デモである。デモには、誰かに指令されたわけではない、一人一人の人たちが、それぞれの心を持って集まってきた。その光景に参加した吉本隆明は、「ひとりの肉体としてたたかう無名の大衆」の行動力を目の当たりにして、「大衆（労働者、庶民）とは何か」と問い、労働者や大衆とはオルガナイズされることを待っている何物か、ではなく、具体的に生活している何かである、と論じた。以後、他者を大衆という一枚岩のイメージでとらえる考え方の見直しが、吉本や鶴見俊輔たちによって加速していく。[104]

この論調、そして、デモに集まってくる様々な人たちのそれぞれの心に直面した経験は、大衆という言葉で画一的に観客をとらえる作家たちの習慣に疑問をつきつけた。その経験は、映画サークル運動が観客にそそいできた問題意識と響き合い、『記録映画』誌に深く浸透する。

松本俊夫の論文「大衆という名の物神について」、松本と黒木に大きな影響をあたえた谷川雁の論文「反芸術運動を」

がその代表例である。[105] 個々のステレオタイプ化された意識と感性を刷新・拡大していくことが、映画観客の経験にとって大切だと松本は論じる。松本は、一九五八年にすでに、感性の疎外状態とステレオタイプ化の破壊を映像表現の新しい目標にすえている。[106] 疎外／感性のステレオタイプ化の発想は、アンリ・ルフェーブルの芸術論とマルクーゼの初期マルクス読解から学び取ったものだ。[107] しかし、観客の課題として、疎外状態とステレオタイプの破壊を論じたのは、「大衆という名の物神について」が初めてだった。「見る会」の浅井と高橋は、ルフェーブルとマルクーゼを読み、現代思潮社が発行した書物によって、さらに疎外と表現についての理解を深め、その考えを観客運動の中で実践していた。しかし、彼らは文章の形では、観客論を展開しなかった。松本が『西陣』製作の中で浅井や高橋ら「見る会」の人たちと深くふれあったことも、松本の観客論が生まれた一因である。

谷川雁の「反芸術運動を」は、人びとが組織をつくる集まりの形すら従来のステレオタイプ化した形態から解放して、もっとそれぞれの個性に応じた、新しい関係のあり方を模索することを提案している。この提案は、記録映画作家協会が分裂することにつながった。

22　テレビの普及と鶴見俊輔

テレビが普及していったことも、大衆としてイメージされていた観客たちを、個的な存在としてイメージするキッカケになった共通経験である。テレビ受像機の普及率は『記録映画』発刊の六年で激増した。[108] 一九五九年皇太子ご成婚、一九六〇年安保条約に反対する国会周辺デモの中継が、普及のキッカケだと言われている。一九五八年に一九八万台だったテレビ受像機の普及台数は、一九六一年には一〇二二万台、一九六三年には一五〇〇万台を越え、映画館の観客数は一九五九年をピークに徐々に減少していく。[109]

『記録映画』で、テレビについての議論が盛んなのはそのあらわれである。[110] 先ほどの「地理テレビ問題」だけではなく、テレビ・ドキュメンタリーについて吉田直哉と羽仁進がかわした論争の後を、『記録映画』誌は引き受け、和田勉が演出した実験的なテレビ・ドラマにも注目している。[111] 若きテレビ・ドキュメンタリーのディレクターやカメラマンたちには『記録映画』の読者が多く、TBSの村木良彦は『記録映画』誌の研究会にも参加していたという。

ドキュメンタリー映像は、テレビを通して人びとの日常生活に入りこんだ。映像は映画館で見る制限から解き放たれ、次第に家庭で、個人で見ることができる私的なものへと変容しつつあった。それは製作者よりも観客にとって大きな変化だった。

当時、最も私的な観客論を展開したのは、鶴見俊輔の映画論である。[112] 鶴見は、映画を「誤解する権利」を主張した。[113] 鶴見がいう「誤解」とは、製作者が映像にこめた意味とは別の意味を、観客が映像から「読みとる」ことである。[114] 映画を見ている時、個々人はそれぞれの経験や思い出を連想し、つぎつぎに意味をつくりだしていく。時に作者の意図と別の意味（誤解）をつくる。その個的な意味生産をもとにした観賞経験を、鶴見は「誤解する権利」と呼んだ。[115]

鶴見の観客論は、社会心理学的なアプローチから、記号論的なアプローチへと転換していく当時の観客論を代表している。『映画批評』誌の連載を引きついで『記録映画』に連載されたクラカウアーの「カリガリからヒトラーまで」のような、社会心理学的な映画観客論は、個々の観客を見つめるよりも、観客をグループに分類することに注意をそそぐ。[116] 一九五〇年代、南博や高野悦子ら社会調査研究所によって追求されていた映画観客論を参照しよう。[117] そこでは、観客を受容者ととらえ、映画に対して受容者が反応するタイプを調査・分類することで、グループごとの心理の違いを、観客心理として描くことが意図されていた。

社会心理学的なアプローチに対して、鶴見は記号論的なアプローチから個的な観客論を立ち上げていく。松本ら『記録映画』の観客論も、同じ転換を違うレベルでになっている。つまり、大衆という集団的な観客観を、疎外概念によって、個的な存在として考え直したのだ。疎外論は、個々の観客が、常識的な物の見方や感じ方を相対化し、新しい意味を対象に対して生産していく、記号生産の視点から観客像を見直した。より極私的な意味生産のあり方を鶴見は「誤解する権利」において見つめた。『記録映画』の観客論は、観客それぞれの極私的な経験にまでさかのぼることはせず、観客が個々にいだいている共通のステレオタイプを、新しい意味生産によって書きかえていく、集団的な営みにおいて観客像をとらえた。それでも、映画に反応を示す大衆・集団として観客を受動的にとらえる社会心理学的なアプローチに対して、意味をつくりだし読みかえてもいく、能動的で個的な存在として、観客をとらえかえしていく、新機軸をもたらす大きな意味があったと言える。

映画観客論が『記録映画』誌上で、テレビ視聴者論へと展開することはなかったが、観客論は大きな転換をとげた。それは、観客たちが映画からテレビへと映像経験の場をより個的なものへとシフトしつつあった共通経験があったためでもあるだろう。安保条約反対運動やテレビの普及といった時代の運命の中で、映画観客運動の伝統をいっぱいにすい込んだ『記録映画』の志は、観客にとっても指針になった。テレビのための観客論はいまだ不在である。しかし、テレビでは放送出来ない映像を、製作・鑑賞するオルタナティブな映像経験の場になっていく、シネクラブ運動・自主上映の伝統は、『記録映画』の志に後押しされて生まれていく。[138] その基盤には、『記録映画』の志が観客にあたえた影響がある。

23　対立のイメージをこえて

以上、『記録映画』の志が、映画をつくる側、みる側それぞれと、どんな影響関係をむすんだかを、ザッとえがいてきた。映画をつくること、見ること、それぞれの習慣が定着して、制度化した形を、『記録映画』の志はとかしていった。こんな風に私が『記録映画』をえがくのは、『記録映画』誌をずっとつつんできた、対立のイメージとは別のイメージをつくるためである。[119]

これまで、あえてふれてこなかったが、『記録映画』をふりかえる時、避けて通れないのは、六五号で廃刊になった経緯だ。[120]『記録映画』は、発刊にかかわった主要メンバーが、作協から集団脱会したために廃刊になった。その間に作協で生じた対立は、単なるパーソナリティーの問題ではなく、共産党の文化政策のあり方をめぐる党派的な争いだった。[121]「私生活を公生活と同等、もしくはそれ以上に大切に考え」る傾向が進むにつれて、共産党の指導者たちは、公生活＝党の規律が乱れ統率がとれなくなることを恐れて、ふたたび団結と統一を重視する統制体質を党紀の中へ復活させようとした。

もちろん、統制体質の傾向は常に作協の中に流れ、党員だった松本俊夫はたびたび注意を受けてきたが、その対立が決定的になったのは、一九六一年七月二五〜三一日に第八回党大会の決定で、統制体質を共産党が完全に復活させたことにある。[122]

対立のくわしい経緯は松本が一九七一年に執筆した『記録映画』誌の歴史に詳しい。共産党対新左翼の対立は、映画分野だけではなく、文学などあらゆる分野におよんだ。[123]その対立イメージは、『記録映画』理解にも、長い間通用してきた。[124]たとえば、対立をリアルタイムで見ていた映画批評家の松田政男が、二〇〇一年に『記録映画』について記した文章がある。「当時の代々木・反代々木の論客が文字通り角突き合い、若き日の松本俊夫が反代々木系を代表して登場しつづけ「映画批評」と共に運動の拠点を形成し、花田清輝・武井昭夫・谷川雁ら会外からの寄稿も多い。六四年二月の総会で代々木系の多数派工作に敗れて、反代々木系が脱退した後については関知しない[125]」。

作協内部の対立が作協の分裂にいたったのは、一九六三年一二月二七日、一九六四年二月一日・一二月二六日の作協の総会。そして、一九六四年三月から、黒木和雄監督『あるマラソンランナーの記録』をめぐって、作協の姿勢が争われた「あるマラソンランナーの記録事件」および一九六四年九月一二日のシンポジウムがキッカケである。[126] 具体的には、総会の決定によって、作協の運営方針と運営委員会から、松本と野田らが排除されたことによって、それまでの作協の活動が変質、『記録映画』を発刊することができなくなったために、『記録映画』は廃刊になった。[127]

吉見泰ら作協の指導部は、共産党の旗印の下に、松本ら指導に異をとなえる人々を「修正主義者」「トロツキスト」と呼んで党派的に排除した。[128] 松本ら排除にあらがう人たちも、売り言葉に買い言葉で、自分たちの論理と主張を守りながら、共産党の指導権をくつがえそうとする、党派的な行動に終始しがちだった。[129] その争いが、作協を「分裂」させて、今もまだ分裂はつづいたままである。[130]

今回、復刻版を作成する際にも、分裂した双方の方々のそれぞれの考えを尊重することに、とても心をくばった。私は作協の資料調査を二〇一〇年からはじめた際に、作協の会報に対立を歴史としてながめる提案をおこなった。一九五五年の作協結成当初から会員の川本博康は、あたたかい返答を「会報」によせてくれたが、その返答には、対立して脱会していった人びとへの複雑な思いがハッキリとあふれていた。その感情は松本ら脱会した人びとにも、共通している。

24　いりみだれる思い

対立のイメージは強力で、『記録映画』を、この論文は新左翼この記事は旧左翼と、読みすすめる手引きになりがちだ。その読み方は、対立の底にあったものへと想像力が歩もうとする道をふさいでしまう。

およそ六〇年の距離をとってながめた時、『記録映画』をめぐる対立は共産党対アンチ共産党（新左翼）といった図式以上に複雑なことは明らかである。たとえば、共産党の中にも統制体質を改善しようとする人々がいた。映画理論家の今村太平が除名された問題を解決する中で、共産党映画部の改革をはかった時実象平と岩淵正嘉がその代表である。[131]

作協を脱会した人たちが一枚岩でなかったように、共産党に所属した映画人も決して一枚岩ではなかったのである。

先に紹介した批評の革新をとなえた木崎も、革新のすえに観客が到達すべきメンタリティーとして、党の統一と団結を支持する観客意識を想定した。そのために、「大衆」の団結にヒビをいれる（と木崎が考えた）松本俊夫の映画作品に、党を代弁する立場で、批判を投げかけた。[132] しかし木崎は、神戸の映画観客運動の運営に日々悩む中で、どうやって神戸の組織を維持していくかという問題を、共産党の統一の問題と混同してしまった嫌いが強い。彼自身の歩みをつぶさにながめると、統制体質への批判をその内にひめていることがわかる。[133]

そもそも、映画関係の共産党員たちの多くは、共産党が権力を握ることで、人びとの暮らしが豊かになると信じて、党に権力を集中させることを目指した。統制は一時的には苦しいかもしれないけれど、結果的には人びとの暮らしのためになる、という矛盾した信仰があったのだ。

こんなすれ違いの数々をながめていると、問題は、『記録映画』の志が目指したような一人一人の個を重んじる方向と、従来の左翼運動が大切にしてきた、個と個が関わりあって協力することを大切にする方向が、共存する道がみえなかったことにあると思える。この齟齬に、党派の問題が重なることによって、対立は断絶にまで発展し、『記録映画』誌が廃刊するにいたった。

『記録映画』の対立が最初に顕著になった、松本俊夫監督作品『安保条約』（一九五九年）をめぐる意見のすれ違いに、個の重視と協力の重視の行き違いが顕著にあらわれている。観客大衆に「わかりやすく」安保条約の悪さを教えるような映画をつくって、団結を盛り上げるべきだ、という人たちと、個々の観客がそれぞれの暮らしや感覚と安保条約を関係づけて考えるキッカケを映画でつくることが大切だ、という人たちの議論は、見事に食い違っている。

25　おわりに

『記録映画』の志をになった松本や野田たちは、「映像芸術の会」という集まりをつくって、志をひろげ、作協を集団脱会した。[134]「映像芸術の会」には、土本典昭、小川紳介、鈴木達夫たちも加わって、多彩な映像と新しい運動をつくりだした。草月アートセンターの上映会や雑誌『季刊フィルム』の発行、アンダーグラウンド映画の製作・上映の試み、フィルム・アンデパンダン、シネクラブ運動。[135]『とべない沈黙』をはじめとする黒木の劇映画。水俣や三里塚、山形を拠点にする土本と小川のドキュメンタリー映画、豊かで多様な映画の形が生まれた。[136]

記録映画作家協会は、牧野守が中心になって、記録映画の歴史を整理する中から新たな歩みを模索するなど、さまざまな試みを重ね、現在も活動をつづけている。[137]

多様で個を重んじる映像表現は増えつづけている。しかし、個と表現を重んじながら、多くの人が共有できる問題を映像であらわす道すじは、なかなか見えない。松本俊夫らはそれぞれ孤独に、人と人とが映像でむすびつく道をずっと探しつづけているが、その回路はまだボンヤリとしている。[138]

『記録映画』誌は、ドキュメンタリー映画の表現が変容していく時代に参加した雑誌だった。一九三〇年代のドキュメンタリー映画雑誌『文化映画』『文化映画研究』が、ドキュメンタリー映画というジャンルの表現と意識の確立に参加してから二〇年たって、確立した表現とジャンル意識を変容させたのである。その変容の基点になったのが、『記録映画』の志である。

だが、『記録映画』を廃刊に追いやった問題には、六〇年近くがたっても、答えが見えない。松本俊夫は、一九九三年一〇月一〇日、山形国際映画祭で、一九六〇年代のドキュメンタリー映画史をふりかえるシンポジウムに参加して、こんなことを話している。当時、「自分以外のものや世界とつながっていく通路を、もう一度別の視点から見いだしていこうと」した。[139]個のまなざしの追求や、それにもとづく映像表現の多様性の模索は、人と人とが協力し合う新しい道すじをたどるための、後退戦だったのだ。あれから六〇年、個を尊びつつ、人と人とがつながりあう映像の道がもっと歩まれていいいと思う。[140]それぞれが、「自ら考えだした社会イメージ」を、映像を助けにしてつむぎ、それを少しだけ共有していく道を、『記録映画』の志は遠くてらしているのだから[141]

（おわり）[142]

註

（1）茨城のり子「『暮しの手帖』の発想と方法」『花森安治　美しい「暮し」の創始者』（河出書房新社、二〇一一年一二月）。

（2）『記録映画』の発刊は一九五七年一二月二五日に作協の第四回定例総会で決定。創刊号は日本児童文庫刊行会発行、編集人が教育映画作家協会・吉見泰、発行人が大久保正太郎。印刷と流通を援助したアルスの経済危機ゆえ、二号（新一号）からはベースボール・マガジン社が印刷と流通を引きうけた。ベースボール・マガジン社の池田恒雄を、日本評論社の編集者であった醍醐隆が吉見・岩佐に紹介した経緯については、吉見泰「機関誌３００号記念に思う人」『記録映画』一九八八年二月号No.301。一九五九年一月号をもってベースボール・マガジン社の援助が打ち切られ、一九五九年二月号から自主出版体制。一九五九年二月七号から中村敏郎が編集・発行人。中村は後に日映新社のプロデューサーになって作協脱会。一九五九年九月一日一四号から矢部正男が編集・発行人。一九六〇年八月一日二五号から佐々木守が編集・発行人。一九六一年九月一日三八号から山之内重巳が編集・発行人。

（3）その後一九六一年八月号から一〇〇円、一九六三年一〇月号から一三〇円になる。

（4）『戦後値段史年表』（朝日文庫、一九九五年八月）。

（5）日吉ビルは東京都中央区銀座西八―五。日吉ビルについては、大橋鎮子『「暮しの手帖」とわたし』（暮しの手帖社、二〇一〇年五月、二二・一二〇・一二四ページ）。日吉ビルの写真も掲載。津野海太郎『花森安治自伝』（新潮社、二〇一三年一一月、一一八～一一九ページ）に地図が紹介されている。二〇一五年二月二五日の武井登美江へのインタビューおよび高橋秀昌からのメール、佐々木守『戦後ヒーローの肖像』（岩波書店、二〇〇三年）などを参照した。教育映画作家協会が結成された頃の主要なメンバーたちがそろった写真が、加藤松三郎「教育映画の楽屋裏」『キネマ旬報』一九五六年一月下旬号に紹介されている。

（6）教育映画作家協会の会員数は一九五五年発足時七二名。一九五五年一二月一〇一名、一九五六年一二月一四三名。『記録映画』発刊後は、一九五九年一二月一六七名、一九六〇年一二月二〇〇名、一九六一年一二月二〇六名、一九六二年度一七八名（賛助会員除く）一九六三年一二月一八九名（賛助会員除く）。

教育映画という名称に対して「ドキュメンタリー映画」というジャンル意識が普及したのは、『記録映画』誌の時代。それまでは、実写映画・記録映画・文化映画・教育映画など様々な呼び名が混在していた。その呼び名自体が議論の的だった。イギリスから紹介された Documentary Film を「資料映画」と訳すか「記録映画」と訳すかという議論は、関野嘉雄と厚木たかの間で巻き起こった論争だが、それは厚木「Story-Film の訳語について」『文化映画研究』一九四〇年四月号、関野嘉雄「ドキュメンタリ論検討のために」『文化映画研究』一九四〇年六月号、関野嘉雄『映画教育の理論』（小学館、一九四二年）。これらの論争は『記録映画』誌発刊期には参照されることなく、牧野守と Abe Mark Nornes の研究によって、映画史として継承されるにいたった。たとえば、牧野守「ポール・ローサ『文化映画論』出版前後」・「マークさんの掘出物」『映画学の道しるべ』（文生書院、二〇一一年）、Abe Mark Nornes The Circulation of Ideas, in *Cinema Babel* 2007 Mineestoa Press.

（7）玉林定治郎・玉林恵美子・武井登美江へのインタビュー（二〇〇八年五月二八日）。

（8）高橋秀昌から筆者へのメール、二〇一五年二月二〇日。

（9）それぞれ「作家の主体ということ」『教育映画作家協会々報』一九五七年一二月二〇日№31、「前衛記録映画の方法について」

『記録映画』一九五八年六月号。前者は、『白昼夢　松本俊夫の世界』（久万美術館、二〇一二年九月）に採録され、後者は『映像の発見』（三一書房、一九六三年）に「前衛記録映画論」として収録された。高島一男は松本の文章を読んだ際の衝撃について記している。

（10）この松本の論理は「主体」論と呼ばれる。後に共産党が松本らを排除する時にも大島や松本らをくくって「主体性派」と呼んでいる。だが、「主体」概念は戦後さまざまに使われている。映画雑誌をくっても、小田切秀雄「主体の確立といふこと」『映画春秋』（一九四七年四月号）などが見つかる。それらいずれも、戦後の共産党の引きまわしに対して個人を拠点に対抗する旗印ではあるが、松本の論理の特徴を言いあらわすに適当な言葉ではない。

（11）拙稿「能勢克男の民芸的映画観」『京都の大学生協史編纂委員会会報』二〇一二年六月二二号参照。

（12）岡田秀則「〈征服〉から〈加担〉へ」『NFCニューズレター』二〇〇一年一月三五号は、一九六〇年頃のドキュメンタリー映画表現の変容を最も鮮やかにとらえた論文の一つである。そこで岡田は、一九五〇年代までのドキュメンタリー映画表現の特徴に、「編集の権力」「撮影対象に対する撮影主体の優位」をあげ、「〈世界〉を人間の視線のもとに置き、人間の統御のもとに再構成できるという思想」を読みとっている。『教室の子供たち』（一九五四年）を先頭にしたドキュメンタリー映画表現の変容は、そうしたカメラとハサミの優位性への疑義という特徴を持ち、製作者と撮影対象の新しい関係性の模索が、表現を変容させた共通の「視線」になっていると岡田はするどく考えている。松本の問題提起に端を発する『記録映画』の志は、製作者と対象だけではなく、観客と映画表現の関係性にも、同様の変容をうながした、と考えるのが本稿のスタンスである。

（13）この部分の映画『ゲルニカ』理解は、藤原えりみ「アラン・レネの初期短編について」DVD『アラン・レネ／ジャン＝リュック・ゴダール短編傑作選』ブックレット所収（紀伊国屋書店、二〇〇一年、四ページ）を参考にした。

（14）このように考えると、松本の実験映画『安保条約』のコンセプトが、レネの『ゲルニカ』からとられていることがハッキリとわかる。

(15) 当時、この変化を物語から映像へ重点がシフトしたと考える見方が強かった。たとえば、羽仁進『カメラとマイク』(中央公論社、一九六〇年四月)。対象との関係性の変化と物語から映像への重点の変化は、映像の変容=ヌーヴェル・バーグ現象を違った角度から見た表裏一体の視線。

(16)「実験映画」という言葉が一般に浸透したメルクマールを私は一九六〇年四月一九日の「世界の実験映画を見る会」におきたい。それまでは、仏語「avant gard cinema」の訳語「前衛映画」/「アヴァン・ギャルド映画」という言葉でジャンルが規定されていた。たとえば、座談会「新アヴァン・ギャルド映画運動と日本」『キネマ旬報』一九五六年七月上旬号。それを「Experimental Cinema」の訳語「実験映画」という言葉でぬりかえたのは、アメリカで実験映画運動に親しんでいたドナルド・リチーである。この変化は『芸術新潮』上の記事の変遷にあらわれている。はじめて実験映画という言葉が登場するのは一九五六年二月号、リチーの『Life Life Lie』が紹介された際。ただし、一九五七年三月号でドナルド・リチーの映画を紹介する際には、「実験映画」という言葉が使われていないので「実験映画」という言葉の定着とは考えられない。六月号で「実験映画」という言葉でリチーの映画が説明されて以後は「実験映画」という言葉が定着。一九五七年九月に『シネマ』誌が創刊されると「実験映画」という言葉の定着はより明確になる。ゆえに一九五七年に「実験映画」という言葉は浸透しだしたと考えることが出来る。一九五七年六月二八日に映画と批評の会が第一回例会上映会「アヴァンギャルド・実験映画の夕」を開催したのはその象徴。
ただし、『芸術新潮』や「シネマ」/「映画と批評の会」グループの外では、実験映画という言葉は、まだ一般的ではない。「前衛」という戦争と運動を連想させる言葉よりも、もっと表現に特化した「実験」という言葉が選ばれていくのは、映像表現についての人々の意識が高まっていく証である。その意味で、狭く会員にとじられた「シネマ」の上映会での上映ではなく、日本で製作された「実験映画」をも上映して広く一般に開かれた「世界の実験映画を見る会」が開催された一九六〇年四月一九日を「実験映画」概念の定着のしるしと私は考える。

（17）この上映会については、林尚男「六全協前夜」『新日本文学』二〇〇四年七・八月号、田所泉「新日本文学史のための覚書（2）」『新日本文学』二〇〇四年三・四月号。二〇一五年七月一九日、松本に資料を見せて確認したところ、この集まりで『ゲルニカ』を見た気がする、と話してくれた。

（18）たとえば、松本俊夫「日本の現代芸術とレアリテの条件」『美術運動』一九五九年二月五七号。松本俊夫と美術運動の関係については、阪本裕文と北澤宏昴の研究に詳しい。

（19）この教養経験については、たとえば、川村健一郎・江口浩・奥村賢「松本俊夫インタビュー」『川崎市民ミュージアム紀要』二〇〇一年一四集、松本俊夫（聞き手　佐藤洋）「異質なものへの期待から生まれつづける豊かさ」『映画学』二〇〇八年二月二一号。

（20）花田清輝や安部公房、浅井栄一たちの間では、シュルレアリスムをいかに大衆化するか、という問題がここから生まれていた。あるべき解放のあり方へと人びとをうながすような発想は、啓蒙的であって、シュルレアリスムの精神から離れだしているからである。

（21）戦前から瀧口修造や内田岐三雄、『映潮』誌同人らによって、シュルレアリスム思想／シュルレアリスム映画作品の紹介は映画界でもおこなわれていたが、広く浸透するにはいたらなかった。戦前日本の映画におけるシュルレアリスム思想を追究しているのは那田尚史、西村智弘の研究である。那田尚史「日本個人映画の歴史」『Ｆｓ』（一九九二年五月〜一九九八年二月）、西村智弘「日本実験映画史」『あいだ』（二〇〇三年三月八七号〜二〇〇六年三月一二三号）等。

（22）『人民文学』誌と『新日本文学』についての証言と研究は多い。両者ともに復刻版にすぐれた解説がつけられている他、たとえば、『新日本文学』二〇〇四年七・八月号の「五〇年代政治と文学」特集では、当事者たちの回想も掲載されている。映画分野では、国際派と所感派の分裂はなかったが、今村太平の除名問題や映画政策の影響などに、共産党映画政策の影響はハッキリとあらわれている。その批判は『記録映画』誌の基調音の一つである。

（23）「黒木和雄による黒木和雄」阿部嘉昭・日向寺太郎編『映画作家黒木和雄の全貌』（アテネ・フランセ文化センター／映画同人社、一九九七年一〇月）。また、ドキュメンタリー映画作家・土本典昭は、山村工作隊で傷ついたのちに映画製作に心を打ち込む経緯を、土本典昭『わが映画発見の旅』（一九七九年筑摩書房、二〇〇〇年日本図書センター）で、瀬川順一への書簡の形式で語っている。土本は作協には加わらなかった。彼は共産党の文化政策への批判を底流とした党内闘争に収れんしてしまうことを懸念して、「野戦での、つまり同じ岩波映画の職場での映画運動しかないと思案のすえ、その動きについには入らず」と記録映画作家協会の松本俊夫たちの運動から距離をとった心情を回想している。前掲・土本（一九七九年、三七ページ）。

（24）従来の文化組織の再編成は一九五四年から模索されている。一九五五年一月一日の共産党機関誌『アカハタ』発表が六全協の先ぶれとなって、一月には『新日本文学』と『人民文学』の会員が合同する。作協が三月に結成されたのも、その流れである。教育映画作家協会の結成の背後にどのような共産党の指令が働いていたかは解明されていない。

共産党の国民映画政策の下につくられた映画には、『米』がある。山村工作隊の政策に協力するために、吉見泰らは、山奥の農民と山村労働者をテーマにした記録映画『米』をつくった。その事情を大沼鉄郎や杉山正美は書いている（『記録映画』一九六一年一一月号）。あるいは、映画『京浜労働者』（一九五三年）も国民映画政策の産物である。その後半部分などで映画の物語になっている反米、民族独立といった「大きな物語」のナレーションは、共産党が一九五一年に採択した映画政策にそって語られたものだった。『京浜労働者』前半の自由なカメラワークに比べると、ナレーションに当てはめてショットを編集していく後半部分には魅力が欠けている。それは共産党の政策に現実をあてはめ、その解釈に従って物事を見ることを観客に啓蒙する構成のためである。

（25）記録映画教育映画製作協議会は一九五三年二月五日に結成された。一月末から『京浜労働者』を製作する中で結成の準備が進み、四月一〇日に『記録映画教育映画製作協議会ニュース』No.1で結成が宣言された。その集まりは『1952年メーデー』（一九五二年）を製作する中で意識され出し、『米』の製作で計画が確固としたものになった。

そこから、一九五四年の夏に秋元憲、羽田澄子、羽仁進、野田真吉、吉見泰らが相談して準備を進め、日映作家集団（二〇名）、新映画作家集団（八名）が解散統合したのを母体に教育映画作家協会が結成された、と谷川義雄『ドキュメンタリー映画の原点　改定版』（日本保育新聞社、一九七七年三月、二四五〜二四六ページ）は記している。製作協議会を構成する最大の組織・日映作家集団の日吉ビルの事務所を、作協が引き継いだことは、その継承関係のあらわれである。日吉ビル事務所が日映作家集団から作協に引き継がれたことについては『教育映画作家協会々報』No.1、および、二〇一五年九月一日の川本博康への佐藤の聞き取りによる。

(26) 統制体質と私が呼ぶメンタリティーからの離脱を、スターリン批判の演説をキッカケに当時の人たちは、スターリン主義批判・デスターリニゼーションと呼んだ。スターリン批判も、一つの重要な事件である。

(27) 『文化映画』（一九三八〜一九四三）誌、『文化映画研究』（一九三八〜一九四〇）誌の書き手たちの多くは、そのまま『記録映画』誌の書き手である。

(28) 一九五四年から開催された教育映画総合協議会主催の教育映画祭の一環として国際短篇映画祭が開催。第一回は、一九五四年一一月一八日銀座の山葉ホールで、『日本美をもとめて』（米）『白い地帯』（英）『ダムの建設』（仏）『エトナの春』（伊）『ダージリング』（印）『パリロッキイのスキー』（亜）『今日のオーストラリア』（濠）が上映された。教育映画祭については、池田永造「教育映画祭の開始」『視聴覚教育のあゆみ』（日本映画教育協会、一九七八年一一月）、田中純一郎『日本教育映画発達史』（蝸牛社、一九七九年九月、二三〇〜二三一ページ）。

(29) 一九五七年「シネマ57」の結成同人九名の内の一人が『芸術新潮』副編集長の向坂隆一郎。機関誌『Cienma』を全二〇号発刊。一九五七年八月二四日から一九五八年七月三〇日まで、ほぼ毎月・有楽町のプレヴィユ・ホールで上映会を開催。試写室で内輪の研究会という雰囲気だったという。参加者は四〇〜五〇名。一九五八年八月三〇日からは草月会館ホールで上映会を開催。この集まりがATGと草月シネマテーク（一九六一年七月一七日〜）の淵源になる。羽仁進「シネマ58のことなど」

『キネマ旬報』一九五八年一一月一日号。『輝け60年代』「草月アートセンターの記録」刊行委員会、二〇〇二年一一月。

(30)『戦艦ポチョムキン』自主上映運動については、拙稿「映画を語り合う自由を求めて」『日本映画は生きている』三巻（岩波書店、二〇一一年）参照。

(31)『二等兵シュヴェイク』『ガラスの雲』『太陽を独占するもの』『東京1958』『砂漠の果て』が上映された。

(32)大島辰雄（一九〇九―一九八三）は戦前から海外の映画情報を翻訳して伝えることに熱心だった。

(33)アンドレ・S・ラバルト（大島辰雄訳）「ドキュメンタリーからフィクションへ」『記録映画』一九六一年四月号。

(34)瀧口修造が一九三七年四月に翻訳発表したダリのシナリオ「ババウオ」『前衛シナリオ集』六巻（河出書房）を『記録映画』一九六三年一〇月号に再録している。内田岐三雄（一九〇一―一九四五）訳の「アンダルシアの犬」『記録映画』一九六二年八月号。内田の生涯を岸松雄がまとめている。二つの資料は松本らが戦前からの前衛映画の資料を探しもとめ読んでいたあかしである。

(35)『世界映画資料』は岩淵正嘉を中心に一九五七年一〇月創刊。『世界映画資料』から転載された資料として、岩淵正嘉訳・編「トルンカの「真夏の夜の夢」」『記録映画』一九五八年一一月号等。

(36)トリュフォー監督『大人はわかってくれない』（一九六〇年三月一七日日本封切）、ゴダール監督「勝手にしやがれ」（一九六〇年三月二六日日本封切）。

(37)エイモス・ボーゲルと「シネマ16」については、「実験映画の本質と任務」『Cinema58』No.6・「世界の実験映画運動」『キネマ旬報』一九五八年三月一五日号が紹介。ジョナス・メカス（三木宮彦訳）「自由な映画を目指して」『世界映画資料』一九六〇年一月号。Scott MacDonald *Cnema16* Temple University Press,2002.

(38)草月シネマテークは一九六一年七月二一日から、一九六二年四月ATG始動。一九六四年六月京都シ・ド・フ結成。

(39)『記録映画』誌上では、内部の問題、目に見えないものがたびたびドキュメンタリー映画の対象として話題になる。それについて松本俊夫は、「人間的な貧しさなり、意識の歪みなり、あるいは精神的な飢餓感などという問題」と語っている。こんな言葉に理解の鍵がある。野田真吉・松本俊夫「心情的主観と疑科学的客観　亀井文夫の方法をめぐって」『記録と映像』四号、一九六四年八月、七ページ。

(40) 広島が復興していくことで傷が見えなくなり忘却していく様子とドキュメンタリー映画の関係については、長谷川龍生「「物」のはずみについて」『記録映画』一九五九年二月号に書いている。また、レネの『二十四時間の情事』における忘却と見ることの関係については、征木恭介・松本俊夫・大島辰雄・大沼鉄郎・高島一雄「君は何も見ていない」『記録映画』一九五九年八月号で語られている。

(41) 作品としては『釘と靴下の対話』(一九五八年)『山に生きる子ら』(一九五八年)『Nの記録』(一九五九年)『プープー』(一九六〇年)『椀』(一九六一年)『1・052』(一九六一年)『鎖陰』(一九六三年)等。それらについては、『記録映画』一九五九年一〇月号、一九六〇年一・五月号、一九六一年三月号、一九六二年四月号など。平野・康ら日大映研については足立正生(聞き手・平沢剛)『映画/革命』(河出書房新社、二〇〇三年一月)、平沢剛編『アンダーグラウンド・フィルム・アーカイブス』(河出書房新社、二〇〇一年七月)。

(42) 野田真吉「非現実性のアクチュアリティ」一九五九年五月号、松本俊夫「モダニズムとクリティック」一九六一年三月号、松本俊夫「隠された世界の記録」一九六〇年六月号。アベ・マーク・ノーネスは六〇年代の日本のドキュメンタリー映画史を書く中で、松本の「隠された世界の記録」の発想に注目している。Abe Mark Nornes *Forest of Pressure* University of Minnesota Press,2007,pp.24-27.

(43) 松本は後に、この「ヌーベル・バーグ以後」の映画について、「演繹的なコンティニュイティ主義に対して、帰納的なドキュメンタリズムを対置させ」た、という図式で説明している。松本俊夫・武井昭夫「映画状況の焦点は何か」『映像芸術』一九六六年一一月号、三〇ページ。

（44）編集長および編集委員の変遷は『記録映画作家協会々報』に記されている。
（一九五八年度）機関誌編集部会員　岩佐氏寿・岡本昌雄・谷川義雄・飯田勢一郎・丸山章治・松本俊夫・諸岡青人・小島義史
（一九五九年度）編集長　岩佐氏寿／常任編集委員　谷川義雄・吉見泰・大沼鉄郎・松本俊夫・野田真吉／編集委員　八幡省三・西本祥子・長野千秋・秋山欣一・近藤才司
（一九六〇年度）常任運営委員機関誌担当　松本俊夫／運営委員機関誌担当　間宮則夫／編集委員長　岩佐氏寿／編集委員　野田真吉・吉見泰・長野千秋・西本祥子・渡辺正巳
（一九六一年度）運営委員機関誌担当責任者　丸山章治／運営委員機関誌担当　松本俊夫／編集委員長　野田真吉／編集委員　松本俊夫・熊谷光之・長野千秋・黒木和雄・徳永瑞夫・西江考三
（一九六二年度）常任運営委員機関誌担当　河野哲二／運営委員機関誌担当　松本俊夫／編集委員長　野田真吉／編集委員　松本俊夫・佐々木守・西江孝之・花松正ト・藤原智子・谷山浩郎・松川八洲雄・徳永瑞夫
（一九六三年度）運営委員機関誌担当　管家陳彦・松本俊夫／編集委員長　野田真吉／編集委員　松本俊夫・徳永瑞夫・西江孝之・佐々木守・黒木和雄・熊谷光之・厚木たか・長野千秋
（一九六四年度）一九六四年三月号を最後に編集委員会制度を廃止。以降は協会の運営委員会が責任をもって発刊することになったが、結局刊行は出来なかった。
（45）記録芸術の会の規約は『新日本文学』一九五七年一〇月号掲載。雑誌『現代芸術』を発刊（一九五八年一〇月創刊）。一九五〇年代には、類型化したフィクションへの不満が、現実や事実の「記録」による新しい表現の方法に注目を集め、記録やドキュメンタリーを旗印に集まった表現者たちが多かった。鳥羽耕史『１９５０年代　記録の時代』（河出書房新社、二〇一〇年）。
（46）『映画批評』（一九五七年六月〜一九五九年一月全一七号）については、山際永三「重い運動体験」『映像芸術』一九六五年七月号、粕三平「けものみちの地平」『映画芸術』一九九六年一〇月号、山際永三「先触れ粕三平の「映画批評」」『映画芸術』一九九九年九月号参照。山際は佐藤重臣らと『シネエッセイ』『映画』といった映画批評誌をつくっており、その新しい映画批評を目指す人びとも、『映画批評』へ合流した。そんな『映画批評』の前史と後史もふくめて、粕三平「戦後の映画雑誌①〜③」『映画批評』一九七〇年一〇〜一二月。粕三平（本名・熊谷光之一九二九―一九九八）。山際と共に同人誌『シネ・エッセイ』を刊行していた佐藤重臣（一九三二―一九八八）も『映画批評』の編集にたずさわった。山際や佐藤が重ねてきた批評誌の試みが『映画批評』には流れ込んでいる。

(47) 戦後映画研究会の創設の際の会員は、神田貞三・粕三平・高島一男・高倉光男・長野千秋・野田真吉・吉田喜重。雑誌『戦後映画』（一九五九年一二月〜）は全三号発刊されたとされる。一九六〇年四月に『採録コンテ・資料　二十四時間の情事』を発刊。

(48) 野田真吉『中原中也』（泰流社、一九八八年）。野田（一九一五―一九九三）が少年時代の無垢なる経験という中原の発想に強い影響を受けたことが、野田がシュルレアリスム思想に接近する核になっている。

(49) 野田真吉については、野田真吉『ある映画作家』（泰流社、一九八八年六月）、渋谷正男編『野田真吉』（風景社、一九八一年一一月）、『点』一三号（一九九七年一一月）。

(50) 国民文化会議は一九五五年七月一七日発足。総評の関連団体だが、党派をこえた文化団体の連合を目指した。映画部会の『映画部会報』は一九五七年七月二五日創刊。作協は一九五九年一月加入。一九五八年九月には第三回国民文化全国集会映画交流会資料『日本映画界の現状と問題点』の別刷資料として『短篇映画の現状と普及上映の今後の問題点』の発行に協力した。『国民文化会議の４０年』一九九五年一〇月、等参照。

(51) 記録映画教育映画製作協議会は一九五三年四月結成。『1952年メーデー』『米』の製作をきっかけに結成された。野田真吉「戦後記録映画運動についての一考察　記録映画製作協議会の運動について」『記録映画』一九五九年二月号、等参照。

(52) 一九六〇年頃までの戦後日本のドキュメンタリー映画史について松本と野田が対談した記録が『記録と映像』(一九六四年五月〜一一月) に掲載されていて、彼らの史観が示されている。

(53) 吉本隆明・武井昭夫『文学者の戦争責任』(淡路書房、一九五六年九月)。

(54) 吉本隆明の立論については、鹿島茂『吉本隆明1968』(平凡社新書、二〇〇九年五月)、吉本隆明『吉本隆明自著を語る』(ロッキング・オン、二〇〇七年六月)。桑野茂「矛盾の中から」『記録映画』一九五九年八月号。

(55) 研究会では、上映された作品から、「素材によりかか」り、「政治方針の図式に題材と場面をあてはめようと」した方法が問題として見てとられ、対して、作家の「感動を形象化し、つみかさね、構成していく」方法に表現の可能性が見出されている。この論理は後に、「一つの問題に対して解説的な観念を作って単に絵解きしていく悪い傾向」、「常識的な物語性や解説的な観念」の問題とまとめられ、「対象に対する主体と表現の関係、即ちイマージュの構造そのもの、あるいはその方法意識」(松本「映画のイマージュと記録」『映画批評』一九五八年一一月号、五六・五七・六〇ページ) の追求に可能性がある、と表明されている。政治方針にあたえられた「図式」に、題材と場面をあてはめることで、映画が表現する「物語」や「解説」ではなく、「感動」のような作家主体と対象との関係を表現する方法に可能性が見だされたのである。

(56) 共同映画社と東宝商事を中心にした労働組合映画活動研究会は、機関誌『映画教育通信』を発刊して活動。各労働組合が独自に展開していた映画活動の連絡機関になった。総評や国民文化会議とともに、『安保条約』等の映画を製作するバックボーンになった。そこから一九五九年一二月 (正式には一九六〇年五月) に勤労者視聴覚事業連合会が結成。一九六〇年二月九・一〇日に労働組合視聴覚研究全国集会を開催して運動の活性化をうながす。『労視研全国集会資料』(日本労働組合総評議会、一九六〇年二月) 等参照。労働組合視聴覚研究会、勤労者視聴覚事業連合会の機関誌『視聴覚運動』(一九六二年五月創刊) 等発行。一九六三年六月に共同映画は東宝商事・東京映画との合併によって株式会社化し、活動を変化させる。勤労者視聴覚事業連合会が、独自に活動することになったが、そのことが労働組合の映画活動の衰退をまねいたと思われる。労働組合は政治運動と密接に関わっていたので、映画運動との関係性をうまくつくることが出来なかったため、日本では、労働と映画の回路は未開のまま残されている。二〇一五年現在、鈴木不二一を中心にした「働く文化ネット」は、労働と映画の関係をあらたな視点でたぐりよせようとしている。拙稿「労働映画上映会」佐藤忠男編『日本のドキュメンタリー』二巻（岩波書店、二〇一〇年一月）等参照。『共同映画　創立25周年特集号』No.28（共同映画、一九七五年一〇月）等参照。

（57）通商産業省『映画産業白書　わが国映画産業の現状と諸問題』（一九五八年）によれば、テレビ用のものを除いた、教育記録映画の製作本数は、一九五〇年二三一本、一九五一年二三三本、一九五二年三〇四本、一九五三年三七二本、一九五四年四四五本、一九五五年四七三本、一九五六年六七六本、一九五七年六八八本（教育映画製作者連盟調査）。『映画年鑑1957』によれば一九五五年の製作総本数は五七一本。野中淳編『1959年版　PR映画年鑑』（日本証券投資協会、一九五九年四月）によれば、一九五七年に製作された教育記録映画は六八八本＋一三五七（テレビ用）。作協のデータによれば、一九五七年は八三二本（うちテレビは一四七本）。短篇映画・教育映画・PR映画と、数え方やジャンルの区分の仕方によって本数は異なってくる。PR映画は定義がさらにあいまいであるために、数え方が難しいが、PR映画年鑑に紹介された産業関連の作品の本数を数えている桂俊太郎「『PR映画年鑑』で見る高度経済成長期の産業映画　企業編［その1］」『映画テレビ技術』（二〇〇六年一一月号）を参考にすると、産業映画は一九五五年年度六三本、五六年年度一一二本、五七年年度一二一本、五八年度一七七本、五九年度一九六本、一九六〇年度二六一本、一九六一年度三〇六本、一九六二年度二九四本、一九六三年度三〇三本、一九六四年度三三一本と増加の様子は見て取れる。教育映画・　PR映画の状況については「教育映画も産業である」『現代通信月刊解説版』一九六〇年五月一日号。作家たちの多くがPR映画の増加を感じていた心象も大切で、それは『記録映画』などにたくさん書かれている。

PR映画以前には「スポンサー映画」と呼ばれた状況については、加納龍一・羽仁進「教育・文化映画」『マス・コミュニケーション講座』四巻（河出書房、一九五四年一二月）。羽仁進「記録映画の特殊な発展」『レンズからみる日本現代史』（現代思潮社、一九五九年一〇月）参照。

（58）「ＰＲ映画は、まず企画でチェックされ、台本で規制され、とり上ったフィルムは更にコメントで枠をはめられ、資本の論理を語る道具になる。そのレールからの逸脱、その思想を語る方法は、素朴なリアリズムでは不可能に近かった。だが、ＰＲ映画しか映画を作れる条件はなかった」（土本「私論黒木和雄」阿部嘉昭・日向寺太郎編『映画作家　黒木和雄の全貌』（アテネ・フランセ文化センター／フィルムアート社、一九九七年一〇月、一一〇ページ）。

（59）『教育映画作家協会々報』一九五七年一月二五日二一号。一九五六年一二月一七日から、野田真吉が中心になって開催した「記録映画研究会」でＰＲ映画への不満が語られ、自主製作の例として亀井文夫の『生きていてよかった』が上映された。一九五七年一月二六日に第二回、三月九日の第三回記録映画研究会がひらかれた。松本が「作家の主体ということ」を発表した直接の原因は、作協の研究会で語りあわれたＰＲ映画への不満と自主製作映画への希望である。松本は自衛隊募集用の宣伝映画のシナリオを書くように命じられて拒んでいた。クライアントが命じるままにＰＲ映画をつくる時に感じる作家の「自主性」の問題は、戦時下に政府の命じるままに戦争協力映画をつくったこと、戦後に政府や共産党の命じるままに民主主義や革命運動を讃美する映画をつくったことに通じる問題である、と松本はその経験から論じた。

（60）吉原順平は一九五三年四月六日に開催された「第一回全日本ＰＲ映画コンクール」をＰＲ映画製作が急増していくメルクマールとみなし、ＰＲという言葉が普及した起源を、占領軍が Public Relations Office を設置したことに見ている。吉原順平『日本短編映像史』（岩波書店、二〇一一年一一月、一九五～一九六ページ）。吉原の研究はＰＲ映画・産業映画といったジャンル区分の変遷を、製作システムの変化と連動させて考察し、それぞれの性格を分類して見取り図をえがいている。ＰＲについては、佐藤泉「瑕のあるときびきりの黄昏」『谷川雁セレクションⅠ』（日本経済評論社、二〇〇九年五月）。

（61）加納竜一「拡がるＰＲ映画の世界」『日本読書新聞』一九五九年三月三〇日・四月六日。鶴見俊輔「コミュニケーション史上のアメリカ」『思想』一九五七年七月号。

(62)「自主性の回復」を目標にする言葉づかいは、一九五五年までの運動映画の頃からかわらない。たとえば、吉見泰「『月の輪古墳』の経験と短篇作家の自主性の回復」『映画文化』一九五四年八月号参照。運動についても表現についても、一九五五年以後もかわらない言葉で、同じようなイメージが追求されていたことのあらわれである。

(63)黒木（一九三〇―二〇〇六）らについては、山形国際ドキュメンタリー映画祭東京事務局編『ドキュメンタリー映画は語る』（未来社、二〇〇六年一〇月）所収のインタビューが参考になる。

(64)瀬川順一（一九一四―一九九五）は五所平之助監督『挽歌』や『新しい製鉄所』など撮影。鈴木達夫（一九三五―）は一九五三年岩波映画製作所撮影部入所。時枝俊枝監督『日本の教師』（一九六一年）で撮影監督デビュー。鈴木達夫×松本俊夫「映画に方程式なんてありませんよ」『イメージフォーラム』一九八一年九月号参照。清水一彦（一九三三―一九六五）は『わが愛北海道』（一九六一年）や『オリンピックを運ぶ』（一九六四年）の撮影を担当。『映像芸術』一九六六年四月号に追悼が特集。小村静夫は『教室の子供たち』『ルポルタージュ・炎』などの撮影を担当。大津幸四郎（一九三四―二〇一四）は一九五八年四月岩波映画製作所入社。『海壁』では見習い助監督で、一九五八年八月から撮影部に所属する。『佐賀県』ではじめて鈴木達夫の撮影助手につく。大津幸四郎『撮影術』（以文社、二〇一三年七月）。

(65)長尺の撮影を可能にした改造アイモの写真は、森田正一「短編映画用カメラのワイド化」『映画技術』一九五八年九月No.82で紹介されている。

(66)岩波映画社については記録映画保存センターを中心にしてすぐれた研究が進行中である。吉見俊哉・丹羽美之編『岩波映画の1億フレーム』（東京大学出版会、二〇一二年五月）など。ほかに井坂能行「岩波映画とは」佐藤忠男編『日本のドキュメンタリー』二巻（岩波書店、二〇一〇年一月）、小口禎三『映画ひとすじ五十年』（小口禎三傘寿記念出版会、一九九七年六月）。

(67)対話の雰囲気は土本典昭・瀬川順一「映画を私有するとはどういうことか」シグロ編『ドキュメンタリー映画の現場』（現代書館、一九八九年七月）にあらわれている。土本典昭「亀井文夫の〝埋葬〟者はだれか」『辺境』一九八七年七月号、亀井文夫・

土本典昭「ドキュメンタリーの精神」『講座日本映画』五巻（岩波書店、一九八七年一月）。土本は一九五六年一月に岩波映画社に参加した。

（68）黒木は伊勢長之助の編集に学ぶ中で、ショットと編集の息づかいの関係を学んだという。「カメラマン・ルーペ」論争とは『文化映画研究』誌上で一九四〇年二月号から五月号にかけてかわされた、亀井と三木の論争。具体的には二月号の座談会「日本文化映画の初期から今日を語る座談会」内の亀井の発言に対して、三月号で三木「文化映画演出者への手紙」を掲載。四月号に亀井「三木茂さんの「文化映画演出者への手紙」の意義」・秋元憲「三木茂の手紙を転送する」。五月号で三木「再び文化映画演出者への手紙」。現場で語りつがれた話がフィルムと資料で検証されたのは一九七六年以降のこと。『戦ふ兵隊』が発掘されたのは一九七六年。亀井と三木の論争が実証的に検証したのも一九七六年に牧野守の研究が初めてのこと。前掲註（6）・牧野（二〇一一年）参照。

伊勢長之助（一九一二―七三）は戦前は映画研究会STSに所属、PCLへ入社後、日映へ。「日本ニュース」の編集にたずさわり、『佐久間ダム』や『カラコルム』の編集者として活躍。三木茂（一九〇五―七八）は伊丹万作や溝口健二の撮影を担当した後『黒い太陽』（一九三六年）の撮影からドキュメンタリー映画のカメラマンへ。『上海』『広島・長崎における原子爆弾の効果』などを撮影、戦後も三木映画社を設立して活躍。浜口眞吾「三木茂とカメラマンたちの時代」『高知県立美術館研究紀要』二〇〇四年三月五集など参照。亀井文夫（一九〇八―一九八七）は『戦争と平和』『日本の悲劇』『生きていてよかった』などの劇映画・ドキュメンタリー映画を戦前戦後にわたって監督。安井喜雄編『亀井文夫特集』山形国際ドキュメンタリー映画祭東京事務局、二〇〇一年一〇月。菊地周（一九二三―二〇〇二）は『基地の子たち』『流血の記録・砂川』など戦後の亀井監督作品の多くを撮影。牧野守編『菊地周の記録』（菊地周を偲ぶ会、二〇〇二年八月）参照。

（69）小村静夫「「炎ルポルタージュ」の撮影」『映画技術』一九六一年五月号等参照。

（70）前掲註（58）・土本「私論黒木和雄」（一九九七年、一一二ページ）。

(71) 野田真吉「実験映画　安保闘争は新状況を生んだか」『日本読書新聞』（一九六〇年七月一八日）は実験映画表現の確立を状況の変化と結びつけて解釈しようとしている。

(72) 黒木和雄「『ルポルタージュ・炎』をめぐって」『記録映画』一九六一年四月号、二四ページ。前掲註（58）・土本「私論黒木和雄」（一九九七年、一二一ページ）。『記録映画』誌の一九六二年三月の記録映画研究会では、「PR映画の実験」をテーマに黒木の『ルポルタージュ・炎』（一九六〇年一二月完成）と松川八洲雄『ハイウェイ東海道』が討論された。『記録映画』一九六二年四月号、一三ページ参照。

(73) 本稿ではふれられないが、岩波映画の伝統の系譜の中で、いち早く生理感覚的な表現を実現したのは羽仁進『教室の子どもたち』（一九五四年）である。筒井武文が的確に評価するように、この作品は、一九五〇年代後半の映像表現の変質「ヌーヴェル・バーグ」の先ぶれである。筒井武文「ヌーヴェル・バーグとしての岩波映画」前掲註（66）・吉見編（二〇一二年）。

(74) 当時テレビは映画よりもさらに低く見られていた分、製作に自由度が高く、それが新しい試みが許容される条件にもなった。黒木は語っている。「テレビ映画というのは、当時は短篇映画の中では二軍的存在だったのですが、それで、彼（土本）はもっていた才能をメキメキ開花させたんです」（品田雄吉「黒木和雄、自己を語る」『アートシアター83　日本の悪霊』二四ページ）。岩波映画社が製作したテレビ番組シリーズは「たのしい科学」「年輪の秘密」がすでにあった。地理テレビの撮影は一週間で一本。三人体制。録音は監督がデンスケ持参、という小さく自由な体制だった。

(75) 前掲註（64）・大津（二〇一三年、三九ページ）。

(76) 『路上』は『DVDシリーズ日本のドキュメンタリー　生活・文化編』（岩波書店、二〇一〇年六月）で見ることが出来る。

(77) 「地理TV問題」については組合の『機関誌』や、『組合機関誌号外　地理TV総括に関する委員会方針』（組合委員会、一九六二年一一月二七日）などの資料が発行されている。佐藤忠男「岩波映画労働組合機関誌」『思想の科学』一九六二年七月号も参照のこと。林吾郎「表現の自由と製作条件と　岩波映画「地理テレビ問題」を中心にして」『記録映画』一九六二年九月号、黒木和雄「連帯の彷徨」『記録映画』一九六三年一一月号、神馬亥佐雄「日本発見シリーズ・1／京都　京都府の中の一つの場所」『記録映画』一九六一年一〇月号、吉原順平「日本発見・序／岩波映画と「日本発見」―PRの会社でつくるテレビ・ドキュメンタリー」『記録映画』一九六一年八月号。黒木和雄「自作「群馬県」について」『記録と映像』第二号、一九六四年六月など参照。

黒木は後に「地理テレビ」問題を「現場にいる私たちと、経営をしなくちゃいけないという立場との、一種の自己矛盾というか、その対立が始まった」（黒木和雄「とりとめのない話」シグロ編『ドキュメンタリー映画の現場』現代書館、一九八九年七月、一五九ページ）と回想している。

黒木がスポンサーとの間で問題をおこしたのは、『ルポルタージュ・炎』がはじめで、「地理テレビ」問題、「あるマラソンランナーの記録事件」へとその問題はつづいていく。前掲註（64）・大津（二〇一三年、四一ページ）。

（78）私が読むことのできた「岩波映画・研究会編集」の雑誌は『研究会機関誌』四号（一九六〇年一二月）・『KINOEYE』六号（一九六一年二月）・『眼』七号（一九六一年四月）。これらの機関誌で最も多く論じられているのは、『ルポルタージュ・炎』だが、自主製作映画を目指して、清水邦夫・土本典昭・黒木和雄・東陽一・山崎らが山谷に取材して、何稿かシナリオも書いている。黒木和雄・土屋信篤・清水邦夫『殺し』（一九六一年七月七日）。大津らによれば、これらの研究会の中心にあって頭角をしめしはじめたのが小川紳介（一九三六―一九九二）だった。

（79）『カメラマン瀬川浩　友たちのレジュメ』（ユニ通信社、一九八六年七月）。

（80）前掲註（64）・大津（二〇一三年、四二ページ）等参照。

（81）山根貞男「60年代ドキュメンタリー映画の転移　PR映画から映像ゲリラへ」『日本ドキュメンタリー映画の躍動　60年代』（安井喜雄ほか編、山形国際ドキュメンタリー映画祭東京事務局、一九九三年一〇月）。若き山根貞男が『映像芸術の会会報』七号（一九六四年一二月一〇日）に『記録映画』から『映像芸術』へと読み継いでいると支援の声を投書していることは、その後の映画批評史に『記録映画』が持った影響を立証する手がかりの一つである。

(82) たとえば、松本俊夫は後に『母たち』『つぶれかかった右眼のために』『薔薇の葬列』などで、鈴木達夫をカメラマンに起用して、その生理感覚的な映像美を自身の表現の中にとりこんでいく。この松本と鈴木の関係は、『記録映画』の存在に根ざしている。

(83) 山之内重己(一九二一―二〇〇六)は本名・根岸純。根岸ふくえへのインタビュー(二〇〇七年六月九日)等参照。

(84) 佐々木守(一九三六―二〇〇六)が明治大学在学中から児童文学研究会で活動した経験も、『記録映画』に大きな影響をあたえている。佐々木が『記録映画』の編集にたずさわるようになったキッカケは作協の岩佐氏寿が児童文学者協会にも所属しており、岩佐が児文協に出したアルバイト募集に佐々木が応じたことがキッカケだった。佐々木は児童文学者の戦後責任についての論文を書き、佐野美津男ら同じ志を持った児童文学者たちと、深い関係を持ちつづけた。佐々木守「児童文学における近代性への疑問　児童文学者の戦争戦後責任」『小さい仲間』二六号(一九五七年三月)、日本児童文学者協会編『現代児童文学論集2　現代児童文学の出発』(日本図書センター、二〇〇七年六月)。児童文学と児童教育についての記事が『記録映画』に多いのは岩佐と佐々木の存在による。佐野と佐々木は、現代子どもセンターという集まりを一九六二年五月につくって、旧来の児童文学・児童教育のあり方の刷新をはかる。子どもの無垢性の追求は、シュルレアリスム思想の大きな課題でもあり、その関心について『記録映画』の執筆者は影響を受けていた。それだけではなく、新大久保時代の『記録映画』編集部は現代子どもセンターと共同で事務所を借りていたので、寺山修司ら現代子どもセンターのメンバーは自然と『記録映画』編集部と馴染みを深めることになった。松本俊夫の『映像の発見』を編集した畠山滋も現代子どもセンターのメンバーだったことから松本に著作の出版を持ちかけ、そのタイトルを決めたのも現代子どもセンターの高山英男だった。そんな風に、佐々木の経験は『記録映画』に影響をあたえている。前掲註(5)・佐々木(二〇〇三年)等参照。

(85) くわしくは観客運動一〇年の歴史を見渡した拙論「映画を語り合う自由を求めて　映画観客運動史のために」『日本映画は生き

ている』三巻（岩波書店、二〇一〇年九月）。山之内も自身の映画サークル経験をもとに歴史を『記録映画』（一九六二年一月〜一九六三年二月号）にまとめている。

(86) たとえば、一九五五年からは毎年全国の映画サークルの代表者たちが交流する会議を持ち、会議をきっかけに理論誌『映画と観客』も創刊された。労働組合の文化運動を主たる母体にしていたために、推薦する映画の基準が、教化的なものに偏りがちな映サの傾向は、会議や雑誌でいつも問題になっていた。

(87) 一九六〇年代初頭にいたるまで、盛んだった映画サークル運動。それは運動というよりレクリエーションの一環としてイメージする方が本当かも知れない。全国どの都市でも映画サークルがつくられ、映画館の割引チケットを手配したり、座談会を催したり、映画雑誌をつくったり、ピクニックをしたり、時には映画の製作者をまねいて講演会を企画し撮影所へ見学に行くサークルもあった。

(88) 山之内が国民文化会議を通じて木崎らと結んでいた関係の他に、野田真吉も国民文化会議および映画と批評の会を通じて、神戸映画サークル協議会と親しく、その機関誌に執筆もしている。野田真吉「生産的映画サークルについて」『泉』神戸映画サークル協議会、一九六〇年四月号。神戸の映画批評グループの結成には、雑誌『映画批評』の存在が大きな役割を果たしている。彼らは一九五七年一二月に映画と批評の会神戸支部を結成し、そこで研究活動をつづけた。

(89) 彼ら神戸の映画研究グループが活動する大きなキッカケは、一九五七年一二月七日に神戸映画と批評の会として、研究会をはじめたことにある。

(90)「映画の受け手として新しい文化を支える勢力の中核になろう」『泉』神戸映画サークル協議会、一九五九年一月号。

(91) 木崎らが提唱する批評論は、映画を映像と音から構成されるものとみなして、映像と音に対して観客が受け取る（つくりだす、ではない）意味と論理に自覚的であろうとすることに基点をもつ。「私たちの内部にあるこの欺瞞の論理構造を、この作業をつうじ、明るみに出し、破壊しあい、未来にひらかれた論理に、それをくみかえていかなければならない」と木崎は提唱した。

神戸映画サークルの伝統は、山形県鶴岡で映画サークル運動を展開した武田光雄から、映画の表現技術（ショット構成と音とモンタージュ）に着目する「技術批評」の方法を得ることなどで形成されていった。木崎敬一郎「武田光雄さん」『シネ・フロント』一九九六年一一月号。武田光雄「『無防備都市』の場面分析」『観賞ノート』一九五一年六月No.42。

(92)「見る会」は一貫して、一人一人の観客が映画を見る経験が、心や暮らしをかえていく力になるような、変革の論理を中心にすえていた。それは、中井正一と能勢克男が戦前に展開した映画運動の経験を、「見る会」代表の藤木正治が浅井栄一へと伝えていたことが要因である。一般に見る機会が少なかった記録映画の自主上映会を活動の基盤にすることも、映画＝劇映画という常識的なジャンル意識にゆさぶりをかけ、思ってもみない考え方や見方を刺激される経験を得ることにつながっていた。これらの点については拙稿「京都記録映画を見る会について　その前史」『演劇映像学』（二〇一四年三月）。

(93)東京の映画サークルが初めて記録映画の自主上映会を開催したのは、一九五七年四月一四日。城北映画サークル（山之内重巳代表）による短編映画の会。豊島振興会館講堂で『印度の国と風物』『虹をつくる人々』『ちびくろさんぼの虎退治』『ひとりの母の記録』『絵を描く子供たち』、（『城北映画サークル』一九五七年四月一〇日三六号）。この作品編成は一九五六年から一九五七年にかけての京都記録映画を見る会の上映会に影響を受けている。

(94)一九五九年五月二二日の第二回から「記録映画を見る会」と改称したが、それも日比谷図書館地下ホールでの第一二回優秀映画を見る会で、東京映愛連と教育映画作家協会が共催の「美術とドキュメンタリ特集」。第二回「記録映画を見る会」は五月二三日には池袋西武デパート七階リーディング・ルームでも開催された。この会がのちに、西武記録映画を見る会になっていく。こちらが、城北映画サークルとの共催なのは、城北映サの代表・山之内の父親が西武の関係者であり、後に山之内自身が西武デパートの催事の仕事についていくことからも、山之内の人脈によることは明らかである。森貞夫「優秀短篇映画を見る会を続けるにあたり」『記録映画』一九五八年一〇月号によれば、短篇映画の夕を企画したのは、この時がはじめて。ひとつには、観光文化ホールがモデルになっている。

（95）「美術映画特集」など特集を立てて映画作品を編成する習慣。この習慣は、起源をたどれば、朝日文化映画を見る会などの影響も考えられるが、直接には浅井から伝わっている。なぜなら、一九五八年一二月一六日に「見る会」がおこなった「美術映画特集」が一九五九年五月二二日の「美術とドキュメンタリ特集」に影響をあたえているからだ。一般の観客に向けて実験映画を上映する試みも浅井がはじめた。他にも、「見る会」は一九六一年七月から「作家個展シリーズ」と題して、記録映像作家の特集上映を見る会が開始。これが草月と作協（一九六二年六月三日から個展シリーズ開始）の同様の上映会につながった。

（96）藤木正治を通して浅井栄一たちに伝わった中井正一と能勢克男たちの心も見すごせない。中井正一の映画論が全国的に再評価され出すのは、『美と集団の論理』（中央公論社、一九六二年一二月）の発刊がキッカケである。再評価の代表は、「共同討議　中井正一その2」『思想の科学』一九六三年七月号。ただし、今村太平が中井の映画論にいち早く注目し、『映画文化』への参加をうながすなど、知る人ぞ知る存在で、中井たちが活動した京都では広く知られていた。前掲・中井（一九六二年）で初めて書籍に収録される前に「委員会の論理」（一九三六年）を浅井が知っていたのは、藤木が中井と能勢の文化運動に協力していたからである。

（97）二〇一三年九月二七日、高橋から佐藤への書簡等参照。

（98）「サドの眼」のテーマと出席者は次の通り。「錯乱の序説」（征木恭介・大島渚）「創造と破壊の地点　憎悪・執念・暴力」（澁澤龍彦・針生一郎・松本俊夫・和田勉）「残虐の思想化あるいは作家主体の確立」（佐野美津男・谷川雁・寺山修司）。エロティシズムについて執筆した田島浩は、高橋のペンネーム。

（99）斎藤慎爾「地上とは思い出ならずや」『掌の中の宇宙　松江須弥子追悼文集』（深夜叢書社、一九九四年一一月）。斎藤慎爾「流謫と自存」『出版ニュース』（二〇一二年一月号から連載）「編集手帳」『記録映画』一九六三年五月号、三八ページ。

（100）中村秀之が指摘する通り、羽仁進を筆頭に、敏感な記録映画作家たちは、記録映画の観客をいかに創造するかに心をめぐらせていた。中村秀之「暁にあうまで」前掲註（66）・吉見編（二〇一二年）所収。

(101)『記録映画』の発行・売上部数はハッキリとした記録がない。創刊号は四〇〇部印刷する計画が報じられてはいるが定かではない。会員には無料で配布していたので、会員数＋売上部数が総売上部数になる。独立発行にうつった後の一九五九年四月二八日時点で報告された三月号の発行部数は一五〇〇部、内訳が寄贈一〇八部・会員二六五部・固定読者一八〇部・売上一一三部・サークルや学校など三二〇部・残部五五〇部。書店での売上は一九五九年二月・三月号がそれぞれ九六部・九八部（二一書店で）。『教育映画作家協会々報』一九五九年五月一〇日No.44。その後、日販での取り次ぎも利用して全国の書店で売られるので売上は増加していくが、基本的な発行・売上状況に大きな変化はなかったものと予測される。事務局員だった武井登美江に聞くと、早稲田や神保町の本屋へはリュックで納品に行ったそうだ。だが、各書店で売り切れることはなく、返本で帰りのリュックも重かったという。小沢敏夫「批評家と作家のあいだ」『記録映画』一九六一年九月号などに『記録映画』があまり一般の観客に読まれていなかった状況がうかがえる。一九五〇年代後半に長篇のPR映画『佐久間ダム』や長篇記録映画『カラコルム』『メソポタミア』が映画館で上映され、記録映画が話題にはなっていた。しかし、記録映画と漫画映画が上映された劇場は「観光文化ホール」などを例外に少なかった。ホールの支配人村尾薫は戦前からSTSの同人として『映画第一線』などに執筆し、鉄道省で紀行映画の製作にたずさわった人物である。村尾薫「記録映画の劇場上映」『記録映画』一九六一年一二月号。川本博康・間宮則夫・小島義史「記録映画はブームを起しているか　劇場上映された長編記録映画から」『記録映画』一九五八年八月号。当時の記録映画の上映状況を槇英輔（『記録映画』一九五八年一〇〜一一月号）は見事にまとめている。

(102)『映画教育通信』一九五九年九月号・一一月号、『戦後映画』一九五九年一二月号、『記録映画』一九五九年一一月号で映画『安保条約』の反響が論じられている。

(103)一九五五年一二月頃から、教育映画作家協会という会称は問題になり出した。『教育映画作家協会々報』一九五六年二月二〇日、三月三〇日、四月三〇日　No.10、No.11、No.12。

(104) 吉本隆明『擬制の終焉』(現代思潮社、一九六二年六月、二二三・八六・一〇一ページ)。鶴見と吉本の心については、声明「さしあたってこれだけは　人びとの内発性を」『日本読書新聞』一九六〇年一〇月三日など参照。

(105) 松本俊夫「大衆という名の物神について」『記録映画』一九六二年二月号。谷川雁「反「芸術運動」を」『記録映画』一九六二年五月号では「大衆論」が特集として組まれた。松本の立論は谷川の文章を読んで前文を書き加えたものと思われる。谷川論文への黒木の注目は、黒木和雄「満身創痍の旗じるし　雑誌『記録映画』について」『映画芸術』一九九六年一〇月号参照。

(106)「現代に生活する大衆が極めて人間的でない状態に置かれ、疎外されてる。そこから人間性の回復ということになるでしょうが、疎外されることによって想像力が固定し、溷濁した大衆が、その作品を通して、ステレオタイプが突き崩され、想像力が解放されて、そこに豊かな人間性が回復される機能を持ったものとして方法が考えられなければいけないし、創作の主体が考えられねばならないと思います」(「シンポジューム　技術革新と運動のゆくて」松本俊夫、浅利慶太、中原佑介、桑野茂、京極高英『映画批評』一九五八年一一月号、六三〜六四ページ)。

(107) 疎外の概念は、日本では初期マルクスの研究が進んでいたために、戦後の初期から広く知られていた。そこには、戦前からの三木清や中井正一らの研究が流れ込んでいるのだが、くわしくは『季刊理論』誌などを参照。だが、疎外概念の美学への応用はアンリ・ルフェーブルの著作によって、日本に広まったものと思われる。たとえば、松本が「前衛記録映画の方法について」で引用した、アンリ・ルフェーブル『美学入門』(多田道太郎訳、理論社、一九五五年五月)、アンリ・ルフェーブル『弁証法的唯物論』(本田喜代治訳、新評論社、一九五三年四月、二一四ページなど参照)では「疎外」概念によって、「社会の変革と「全体的な人間」の回復」の展望が描かれている。他にも、フロイト『芸術論』(高橋義孝訳、新潮文庫、一九五七年七月)は、松本「隠された世界の記録」に影響をあたえ、マルクーゼ『エロス的文明』(紀伊国屋書店、一九五八年一〇月)も、疎外されたエロスの解放というモチーフを明らかにして松本や浅井・高橋らに影響をあたえている。『記録映画』誌上でかわされている抽象的な議論は、日本の哲学史・美学史・社会科学史の流れの中で組み立てられた息づいた内容を持っている。

(108) 前掲註(28)・田中(一九七九年、二四七ページ)。NHK調査によればテレビ受像機の普及台数は一九五七年約七四万八千台、一九五八年約一五六万七千台、一九六〇年約五七七万台。日本におけるテレビの普及と年間映画観客動員数は一九五七年が七四万七五六九台／一〇億九八八八万二千人、一九五八年一五六万六八〇一台／一一億二七四五万二千人(「立体マスコミ時代の映画界」『現代通信月刊解説版』一九五九年五月一日、二ページ)。

(109) 当時、テレビが日常生活へ入りこんでくる様子を萩野靖乃『テレビもわたしも若かった』(武蔵野書房、二〇一三年六月)はよく描いている。

(110) 「各社テレビ・ドキュメンタリー番組一覧」『記録映画』一九六二年九月号。和田勉が全編をクロースアップでつくったテレビドラマの表現も注目をあつめ、彼の『記録映画』誌への関与は深い。関西で和田と親交を結んでいた浅井栄一の存在が見逃せない。

(111) 吉田直哉がリードした毎週一回のテレビ・ドキュメンタリー・シリーズ「日本の素顔」(NHK)がはじまったのは一九五七年一一月一〇日の日曜日夜九時半。一九六四年四月五日の最終回までに三〇六回が放送された(『アーカイブス・カフェ』二〇〇七年七月号)。「日本の素顔」をめぐって、羽仁進「テレビ・プロデューサーへの挑戦状」『中央公論』一九五九年一一月号、吉田直哉「羽仁進氏の挑戦に応える」『中央公論』一九五九年一二月号が論争をおこなった。吉田直哉「映画とテレビ・ドキュメンタリー」『講座日本映画』六巻(岩波書店、一九八七年六月)は『記録映画』一九六〇年九月号に発表した自身の論文を基点に当時のテレビ・ドキュメンタリーに思いめぐらしている。

牛山純一がリードした「ノンフィクション劇場」(NTV)は一九六二年一月に放送開始。牛山は、牛山純一「テレビドキュメンタリー・一九六一」『記録映画』一九六一年一二月号に自身の思いをつづる。週刊誌や音楽など大衆文化の現代化によって「中間文化」が生まれたとする加藤秀俊の流行の議論なども、大衆概念の見直しの影にあった。加藤秀俊「戦後派の中間的性格」

『中央公論』一九五七年九月号。

(112) 波多野哲朗「戦後日本映画批評10年史をめぐるその継承なき連続のことばについて」『現代日本映画論大系』一巻(冬樹社、一九七一年六月)は、一九五〇年代から六〇年代にかけての日本の映画批評を見渡して、鶴見俊輔の「もう一つの日本映画論」の意義を「公的な視覚を捨てて、個的な視覚に執着するものであった」と喝破している。

(113) 鶴見俊輔『誤解する権利』(筑摩書房、一九五九年一二月)。

(114) その後、鶴見のアイデアは注目をあびることなく、批評家の小川徹が、観客が製作者の意図とは関わりなく、映像に感じた意味を巨視的に解釈していく「裏目読み」の論理へと「誤解する権利」をふくらませた。しかし、小川は観客が個々にそれぞれの経験を持ち、そこが究極の意味生産の場になることへの鶴見の視線は受け継がなかったため、「裏目読み」は、一般的な政治的・性的な問題を気ままに解釈する印象批評へと進む。大衆娯楽映画と呼ばれた映画に注目した鶴見の視線は、佐藤忠男が大きく引きついでいる。

(115) この視点は、鈴木志郎康の中に認めることができる。あるいは、ジャン・ルイ・シュフェール『映画を見にいく普通の男』(現代思潮新社、二〇一二年六月)のように、精神分析学的な批評の中にも鶴見の視線を感じる。

(116) クラカウアーの「カリガリからヒットラーまで」は『映画批評』五九年一月号に掲載された翻訳を引きつぐ形で六〇年一月号から翻訳が連載された。

(117) 社会調査研究所「戦後日本コミュニケーションの実態」『思想』一九五一年八月号。ほかに『社会調査研究所所報』(一九五六年五月創刊、終刊不明)、南博・社会心理研究所監修『岩波写真文庫132 日本の映画』(岩波書店、一九五四年一二月)など。同時期に熊木喜一郎が松竹調査室でおこなった社会心理学的な映画観客調査も参照のこと。アメリカのオーディエンス研究、とくに映画については、Leo A. Handel *Hollywood Looks at its audience*, The University of Illinois Press,1950 などの研究が彼らに刺激をあたえている。他に、大衆娯楽研究の分野で映画観客への社会心理学的なアプローチがなされている。その中で、個的な観客像を考えていたのは中井正一である。『思想』一九五一年八月大衆娯楽特集号参照。

(118) シネクラブ運動の嚆矢は京都シ・ドキュメンタリー・フィルム(一九六四年六月〜一九七〇年一二月)。興行者が組織した集まりとして、草月シネマテークの観客の会、アートシアターギルドの「芸術映画友の会」(一九六二年五月〜)、各地のアートシアター劇場の観客組織たとえば日劇文化劇場の「セルクルデッセイ」なども、「シネクラブ研究会」(一九六六年七月一日〜)ら、たくさんのシネクラブへ派生していく。シネクラブ運動についてのまとまった研究はないが、森弘太「『眼』とシネクラブ運動」『映画批評』(一九七一年一一〜一二月号)、「日本のシネクラブ運動の現状」『シネマ69』(一九六九年一月号)、村山匡一郎「非商業上映の歴史　Part.3」『Filmnetwork』(二〇〇五年二月三六号)、多比良健夫作成『京都シ・ドキュメンタリー・フィルム全活動の記録』(二〇一三年一〇月一六日)が導きの糸である。

(119) この立場は、今村太平が一九六二年に創刊した個人誌『映像文化』に源がある。当時、今村は、左翼新左翼どちらにも与せずに、一九五〇年代に最も広い立場で映画界を見つめた視野を復活させようとしていた。その試みは成功したとはいえないが、見逃せない視点である。

(120) 廃刊の原因が、『記録映画』誌の内容が偏向したために、財政難をまねいたとする論理が作協で長いこと通用してきた。これは正確ではない。『会報』に「記録映画」の財政報告はすべて記録されている。定価の変遷もあるので単純に比較はできないが、売上は、一九五九年度九万六四五二円、一九六〇年度三二万三二四六円、一九六一年度四二万八二〇二円、一九六二年度五〇万六九九九円、一九六三年度五二万一五七六円と増加している。広告収入は、一九五九年度四七万一〇〇〇円、一九六〇年度五五万二五〇〇円、一九六一年度五七万六〇〇〇円、一九六二年度三六万二六〇〇円、一九六三年度三二万七九五〇円と一九六二年度からダウンしている。事業費つまり映画会の純利益は一九六〇年度一一万八五二〇円、一九六一年度一五万一八一一円、一九六二年度二〇万七三〇〇円、一九六三年度一万八九五五円。一九六二年度から一九六三年度にかけて、売上は増加しているが、広告費と事業費が減少し、その分をおぎなうために『記録映画』への寄付をつのっている。ただし、そもそもが

『記録映画』の製作費は定価を上回っている。それを会費と上映会などの事業活動でおぎなう体制をとってきた。『記録映画』は常に財政難だった。広告費の減少が内容の偏向によったのであれば、編集長が野田真吉にかわった一九六一年度から減少するはずだが、売上・広告費ともに一九六一年度は増加している。広告費の減少は、議案書の報告にある通り、出版不況など外部的な要因に根ざしていると考えるのが適切である。それでも、製作費と定価の逆転現象を是正するために、一九六三年に山形へ印刷所をうつしたものの、スムーズにいかず、発行予定が遅れたために信用が低下してかえって広告費が落ち込んだ。財政問題は総会でも議論されている『記録映画作家協会々報』一九六四年一月二〇日No.93、一九六三年二月一八日No.83など参照。

(121) 分裂と対立は、原水爆禁止運動や新日本文学会などあらゆる文化運動におよんだ。映画界の対立をユーモラスに紹介したのは佐々木守「記録映画界の大騒動をめぐって」『映画芸術』一九六四年七月号。ただし、『映像芸術の会会報』において、この文章には事実無根で無責任な部分が多いと批判されていることも見落としてはいけない。

(122) 『記録映画』にも共産党の細胞があったと推測される。一九六一年七月以降に松本ら「主体論者」への批判は明確になり、一九六二年共産党第八回党大会第四回中央委員会総会の決定のなかで、「反党修正主義理論にたいする思想闘争の重要性を提起し、反革命的反人民的な文学・芸術理論にたいするたたかいを進める」という決定がなされた。その経緯についてはY「映画」『文化評論』一九六一年一二月号、Y「映画」『文化評論』一九六二年三月号。山形雄策「映画に関する党の政策と方針を確立するために」『文化評論』一九六四年一月号、山形雄策「映画の現状と当面の問題」日本共産党中央委員会文化部編『文化問題と日本共産党』(日本共産党中央委員会出版部、一九六六年三月)。第八回党大会をめぐる評価については、しまねきよし『もうひとつの日本共産党』(サンケイ新聞社出版局、一九七五年一一月)など参照。一九六一年一二月『文化評論』の創刊自体が第八回党大会の決定の下に新しい文化政策が発動し始めたあかしである。『現代の理論』誌が一九五九年五月に創刊され、一〇月に党の意向で廃刊になったのは文化統制の先ぶれ。

職能組織対芸術運動という問題設定は『記録映画作家協会々報』一九六三年一一月五日No.89で定式化された。職能組織という言葉で作家の生活と権利の擁護を意味するのは、記録映画作家には各社の労働組合とその連合体・短篇連合が存在していたからである。契約社員とフリーの作家が組合および短篇連合に所属出来ないという問題を解決せずに、作協を組合的な存在へと変貌させて曖昧に乗り切ろうとした時に職能的組織という言葉が求められた。

(123) 新日本文学会は一九六四年三月の第一一回大会で共産党の指導から自立した。

(124) 松本俊夫「『記録映画』覚え書」『映画批評』一九七一年三〜五月号。作家協会に残った人の考え方としては、かんけまり「記録映画運動」山田和夫監修『映画論講座』四巻(合同出版、一九七七年五月)、川本博康「佐藤洋さんの要望に応えながら、作協の歴史をふり返って」『記録映画』二〇一一年一〇月No.457。川本の文章は拙稿「会報を調査させていただくにあたって」(『記録映画』二〇一一年一月No.455)に返答してくれたものである。

(125) 松田政男「記録映画」前掲註(41)・平沢編(二〇〇一年)。

(126) 一九六四年五月六日、記録芸術の会(映像芸術の会の前身)主催の上映会「講演と現代ドキュメンタリー映画の会」で、黒木和雄演出『あるマラソンランナーの記録』(五月一三日日活系封切)の上映が中止された。スポンサーおよび配給会社・日活の許可は得ていたが、上映の段になって、製作会社の東京シネマ社がフィルムの貸し出しを拒否したからだ。東京シネマ社の重役は吉見泰など作協および共産党映画部の重鎮だったから、その党派的な意図は明白だった。この上映問題は、三月から黒木の録音を改変しようと重役たちが圧力をかけていた問題の流れの中で起きた事件だった。作家の権利をめぐる問題として、映像芸術の会に集う人々、特に岩波系「青の会」が中心になって問題にする。九月一二日に作協は「シンポジウム」を開催。問題について、「青の会」の人々が『あるマラソンランナーの記録事件の真実』(青の会、一九六四年七月)としてまとめた。同資料の発行については、四宮鉄男「『留学生チュアスイリン』」前掲註(81)・安井編(一九九三年)。

(127) 六五号で廃刊になった後、数か月の間は新作協で雑誌の復刊が試みられている。「会報」の一九六四年三月二五日No.92など参照。しかし、復刊はかなわず、『記録映画作家協会々報』の体裁だけが、冊子型から新聞型へとNo.97(一九六五年四月一五日)から変化して、内容にも刷新がはかられた。新方針と新役員は一九六四年二月二四日№91参照。運営委員長吉見泰、事務局長菅家陳彦、運営委員河野哲三、苗田康夫、荒井英郎、八幡省三、厚木たか、斎藤茂夫、大内田圭弥、黒木和雄、徳永瑞夫、渡辺正巳、星山圭、曽我孝、西澤豪、羽田澄子。

(128) 排除の姿勢は、かんけまり「修正主義者との闘いの経験　記録映画作家協会第一〇回総会をめぐって」『アカハタ』(一九六四年三月八日)、山形雄策「作家における真実の追求とは何か」『アカハタ』(一九六四年四月一七日)に最もよくあらわれている。彼らは、新日本文学の対立騒動をモデルにして、松本らの背後に彼らを指導する存在を想定して非難している。徳永瑞夫「分裂策動に反対する協会規約綱領の精神」『記録映画作家協会々報』一九六四年一一月二〇日№96。のちに作協を脱会する人々が、大沼鉄郎宅などで相談を時々もっていたことは確か。しかし、ソ連等からの資金援助に松本らが頼ったことはなかったと推定している。松本に直接このことを尋ねたが本人は否定した。当時の資料を精査しても、ソ連などの援助と指導が松本らの背後にあったと解釈できない。

(129) 運営委員会の罪状を告発する会『記録映画作家協会運営委員会の罪状を告発する』(一九六四年一二月二七日)は、作協を脱会する人びとが作協につきつけた、最後の文集である。四六名の集団脱会声明によって締めくくられている。

(130) 当時、作協は自らは作家の生活を守る団体であって、表現を追求する芸術団体ではないのだから、芸術派の自重を求めるという論法をもちいて、松本らを批判した。ここでわかりにくいのは、作協は労働組合ではないという事情である。記録映画会社の労働組合は各社それぞれにあり、岩波映画社や新理研映画社の組合の存在と運動がよく知られている、たとえば、江口浩「スポンサード映画の光と影」村山匡一郎編『映画は世界を記録する』(森話社、二〇〇六年)。各社の組合は短篇連合として映画演劇労働組合に参加もしている。ただし、組合の多くは社員しか参加することが出来ず、社員契約を結んでいない製作者が多い記録映画界では、フリーの製作者が労働組合がわりに作協に所属していることもあった。しかし、作協には労働組合としての機能はそなわってはいない。

（131）拙稿「今村太平の除名問題について」『唯物論研究』二〇一一年一二月一一七号。
（132）木崎敬一郎「前衛エリートの大衆疎外」『記録映画』一九六二年一月号、木崎敬一郎「アヴァンギャルド映画論批判」『文化評論』一九六六年一一～一二月号など参照。後年、松本俊夫はビデオ作品『気配』（一九九〇年）で木崎との論争にふれている。
（133）塩見正道が木崎敬一郎の生涯を精密に研究中である。その成果が待たれる。
（134）一九六四年四月二日国労会館で準備大会、五月六日千代田公会堂で映画会、一九六四年五月一〇日　記録芸術の会結成大会五月二四日、創立総会で映像芸術の会の名称決定。運営委員長・黒木和雄、副委員長・松本俊夫。「記録芸術の会（仮称）結成」『日本読書新聞』（一九六四年四月一三日）、『映像芸術の会会報』『第一回総会議案書』等参照。この過程で『総会準備委員会通信』発行（一九六四年五月）全三号。この討論の過程で作協系の研究会と岩波系の研究会が融合していこうとしていたことが読みとれる。先に論じたシュルレアリスムの伝統と生理感覚についての伝統が、ハッキリと混ざりあっている。
藤江孝旧蔵の「出席者」名簿によれば、記録芸術の会結成時の創立参加者は八七名と推定。武井登美江旧蔵の芳名録によれば、五月二八日の映像芸術の会運営委員会の参加者は四九名。一九六五年五月二七日現在での『映像芸術の会会員名簿』には一二六名が登録。創立直後から『映像芸術の会会報』（一九六四年六月一〇日～一九六八年二月一四日）を発行、機関雑誌『映像芸術』全一五号（一九六四年一二月～一九六八年二月）、ほかにも上映会・研究会に際しての冊子『記録と映像』（一九六四年五月～一九六五年一二月）全一五号。『Documentary64・5』（五月六日に配られた冊子）『映像芸術の会研究資料』（一九六四年七月～）全三集。映像芸術の会の全貌については松本俊夫「『映像芸術』覚え書」・西江孝之「映像芸術の会の虚実」『映画批評』（一九七一年八～九月号、一九七二年三月号）。映像芸術の会は一九六八年三月に解散した。
（135）記録映画作家協会を、実験映画の一つの源とみる見方については、かわなかのぶひろ編『映像の実験』（イメージフォーラム、一九七八年一月）、*Retrospective of the Japanese Short Film 1995-1991*, Verlag Neue Bucherstube Karl Maria Laufen，Oberhausen 1994、イメージフォーラム編『日本実験映像４０年史』（キリンプラザ大阪、一九九四年一一月）。

(136) 小川紳介については前掲註(42)・Nornes(二〇〇七年)参照。

(137) 最新の年譜は『日本記録映画作家協会の歩み』(二〇〇五年一一月)、『記録映画』廃刊後の『記録映画作家協会々報』の活動については、たとえば牧野守著・佐藤洋編『映画学の道しるべ』(文生書院、二〇一一年九月)。

(138) 松本俊夫「映画運動論」『鈴木清順問題共闘会議報告　別刊一号　一九六九年春季研究会討論記録Ⅰ　日本映画変革への展望』(一九六九年四月一九日)など参照。

(139) 松本俊夫　黒木和雄　佐藤真　山根貞男「日本ドキュメンタリー・シンポジウム」『映画新聞』一九九四年一月一日号。

(140) 能勢克男が述べた通り、社会とは関係のイメージである。私、家族、友人、街、季節、それぞれの関係のイメージが遠心的にひろがって「社会」イメージをつくりだす。それらを見つめた歩みを、能勢協や、戸田桂太、葛城哲郎、鈴木志郎康たちの仕事に見出すことができる。

(141) 鈴木志郎康『映画素志』(現代書館、一九九四年八月)、土本典昭フィルモグラフィ展2004実行委員会編『ドキュメンタリーとは何か』(現代書館、二〇〇五年五月)参照。

(142) 本稿を書きあげるにあたって、浅井栄一さん、浅井敦子さん、井坂能行さん、川本博康さん、高橋秀昌さん、武井登美江さん、松本俊夫さんにたくさんをご教示いただきました。感謝いたします。

Ⅱ　特集一覧

『記録映画』特集一覧

巻号	発行年月	特集
第二巻第三号	一九五九年三月	マス・コミ時代の記録・教育映画
第二巻第四号	一九五九年四月	教育映画を模索する
第二巻第七号	一九五九年七月	科学映画は変革への行動を開始する
第二巻第八号	一九五九年八月	記録映画の戦後体験
第二巻第一〇号	一九五九年一〇月	映画運動の展望
第二巻第一一号	一九五九年一一月	映画運動一九五九年／映画「安保条約」を批判する
第二巻第一二号	一九五九年一二月	現代の方法を探究する
第三巻第二号	一九六〇年二月	記録映画の今日的課題「失業・炭鉱合理化との闘い」
第三巻第三号	一九六〇年三月	社会教育映画
第三巻第四号	一九六〇年四月	モンタージュの再検討
第三巻第五号	一九六〇年五月	映画と教育／作家の発言
第三巻第六号	一九六〇年六月	創造的想像力
第三巻第七号	一九六〇年七月	映画表現の技術
第三巻第八号	一九六〇年八月	批評精神の再組織
第三巻第九号	一九六〇年九月	現代のマスコミ
第三巻第一〇号	一九六〇年一〇月	現代の疎外と作家／「一九六〇年六月」を批判する

第三巻第一一号	一九六〇年一一月	映画表現の可能性と実験性
第三巻第一二号	一九六〇年一二月	映画における抵抗
第四巻第二号	一九六一年二月	シナリオ論
第四巻第三号	一九六一年三月	現代モダニズム批判
第四巻第四号	一九六一年四月	日常性とその破壊の論理
第四巻第五号	一九六一年五月	現代のリアリズム
第四巻第六号	一九六一年六月	現代のエモーション
第四巻第七号	一九六一年七月	ニュース映画とドキュメンタリー
第四巻第八号	一九六一年八月	私の方法論
第四巻第九号	一九六一年九月	ドキュメンタリーの現代的視座Ⅰ——評論疎外の記録／ドキュメンタリーの現代的視座Ⅱ——作品「西陣」をめぐって
第四巻第一〇号	一九六一年一〇月	映画と思想
第四巻第一一号	一九六一年一一月	記録映画作家研究——作家の発言と作家論
第四巻第一二号	一九六一年一二月	一九六一年の記録映画界
第五巻第一号	一九六二年一月	私の記録映画論——各界からの苦言と提言
第五巻第二号	一九六二年二月	芸術的前衛のヴィジョン
第五巻第三号	一九六二年三月	新人の条件
第五巻第四号	一九六二年四月	発見と創造

第五巻第五号	一九六二年五月	大衆論
第五巻第六号	一九六二年六月	映画・インターナショナル
第五巻第七号	一九六二年七月	アニメーション
第五巻第八号	一九六二年八月	シナリオ特集
第五巻第九号	一九六二年九月	テレビ・ドキュメンタリー
第五巻第一〇号	一九六二年一一月	映画状況の現在
第五巻第一一号	一九六二年一二月	映画状況とその展望
第六巻第一号	一九六三年一月	PR映画の可能性
第六巻第二号	一九六三年二月	ドキュメンタリーと〝発想〟
第六巻第三号	一九六三年三月	虚構の意味
第六巻第四号	一九六三年四月	映像表現と聴覚性
第六巻第五号	一九六三年五月	「非芸術」との対決
第六巻第六号	一九六三年七月	映画と宣伝
第六巻第八号	一九六三年九月	現代映画作家論（Ⅰ）――ドキュメンタリーとアバンギャルド
第六巻第九号	一九六三年一〇月	二十代からの発言
第六巻第一〇号	一九六三年一一月	映画運動のゆくえ
第七巻第一号	一九六四年一月	現代映画作家論（Ⅱ）

Ⅲ　総目次

『記録映画』総目次・凡例

一、仮名遣いは原文のままとした。
　また、明らかな誤植については訂正し、脱字は補った。
一、標題は本文に従った。副題および小題は基本的に――（ダッシュ）のあとに示した。
一、＊印は編集部の補足であることを示す。
一、総目次はできるだけ詳細に記載するよう努めたが、目次、奥付、広告等には触れなかった。
一、原本に頁数表記のない場合は、頁数に（　）を付した。

（編集部）

第一巻第一号〈創刊号〉 一九五八（昭和三三）年六月五日

写真　アンコールトムの浮彫（「民族の河メコン」読売映画社）　表紙

（＊新作紹介グラフ）

ミクロの世界(東京シネマ)／井川五郎ダム(英映画社)／どこかで春が(新映画プロ共同)／法隆寺(岩波映画)／東京1958(シネマ58同人)／古代の美(岩波映画)／オモニと少年(民芸映画社)／道産子(芸術映画社)／盗まれた虚栄(東映教育映画)　前付1～前付4

発刊のことば　教育映画作家協会　1～2

『記録映画』発刊によせて　阿部　慎一　2

戦後の記録映画運動①――「記録教育映画製作協議会」の運動を中心に　吉見　泰　3～5

書評

アンリ・アジエル著、岡田真吉訳『映画の美学』　野田　真吉　5

中野重治著『映画雑感――素人の心もち』　岩佐　氏寿　11

羽仁進著『演技しない主役たち――記録映画作家の眼から』　谷川　義雄　19

前衛記録映画の方法について　松本　俊夫　6～11

「アラン・ルネエ」とフランス記録映画　宮本　正名　8～9

座談会　教育映画をめぐって

岩佐氏寿／大久保正太郎／森和子／吉見泰／岡田好枝／菅忠道／かんけ・まり／鈴木幹人／海貝英子／谷川義雄／山家和子／佐木秋夫　12～19

メソポタミアの経験――優越感について　桑野　茂　20～23

作品評「この目で見たソ連」――西独映画　時実　象平　24

対談「おふくろのバス旅行」と「きよちゃんの日記」　厚木たか／藤原智子／編集部　25～29

プロダクションだより　26～27・31

科学映画「死を運命づけられた人々の命のために」　ゲ・イワノワ　28～29

現場通信

下水へもぐった話　小泉　堯　30
「忘れられた土地」について　野田　真吉　30〜31
〝人災〟「ミクロの世界——結核菌を追って」　杉山　正美　31
ワイド・スクリーン
深江正彦／河野哲二／松本俊夫／楠木徳男／
日高昭／勝田光俊／島谷陽一郎／八木仁平　32
編集後記　岩佐　32
カット　朝倉　摂

第一巻第一号　一九五八（昭和三三）年八月一日

写真　「受胎の神秘」（日映科学映画）　表紙
時評　非選定映画をめぐって　3
戦後の記録映画運動②——「記録教育映画製作
協議会」の運動を中心に　吉見　泰　4〜5
書評
岩崎昶著『現代日本の映画』　岩佐　5
集団製作の近代化——『芸術の創作』（芸術
心理学講座3）　吉見　11
花田清輝著『映画的思考』　松本　俊夫　24
実践的、前衛記録映画の方法　渡辺　正己　6〜8
9月号予告　7
「ミクロの世界——結核菌を追って」の製作始
末記　岡田　桑三　9〜11
記録映画はブームを起しているか——劇場上映
された長編記録映画から　小島　義史　12〜14
海外だより　東欧の人形劇映画——チェコの旅
から帰つて　川尻　泰司　14〜15
お詫び　編集部　15
現場通信
ロケセット　豊田　敬太　16
「赤石の山峡」　苗田　康夫　16〜17
社会教育映画「いろり学級」　松岡　新也　17
プロダクションニュース　18・24
新作紹介グラフ
若き美と力（日本映画新社）／アンデスを越
えて（毎日映画社）／千羽鶴（共同映画中四国
共同）／めがね小僧（民芸）／忘れられた土
地（東京フイルム）／野鳥の生態（新理研）／

荒海に生きる(日本ドキュメント)/こわされた友情(東映)/いろり学級(マツオカプロダクション) (19)~(22)
ワイド・スクリーン
村田達二/桑野茂/西尾善介/豊田敬太/永富映次郎/小谷田亘/榛葉豊明/入江勝也/徳永瑞夫/藤原智子/岩堀喜久男/中島日出夫/野田真吉/厚木たか/編集部 23~24
シナリオ(コンテイニユイテイ)「忘れられた土地」(全三巻)——生活の記録シリーズII 野田 真吉 25~38
編集後記 岩 佐 38
カット 朝倉 摂

第一巻第二号 一九五八(昭和三三)年九月一日

写真「海は生きている」(岩波映画)より 表紙
時評 科学映画と映画館 3
自然科学映画の発展のために 吉見 泰 4~8・25
〃受胎の科学〃が神秘になるまでの裏話
海外だより 科学映画とはなにか 奥山大六郎 9~10
レモ・ブランカ/田中ひろし(訳) 11
座談会「黒部峡谷」
西尾善介/福田蓼汀/村井米子/編集部 12~17
「ちびくろさんぼ」が入選児童優秀映画賞!/国学院大学映研で記録映画「山に生きる子ら」製作 17
ワイド・スクリーン
久保田義久/能登節雄/丸山章治/京極高英/羽田澄子 17
アジアの映画を見る会の感想 高橋 智江 17
プロダクションニユース 18
新作紹介グラフ
地下鉄(新理研)/東京の水道(日映新社)/肺戦記(読売映画社)/電話(読売映画社)/X線と結核(読売映画)/太陽と地球の動き(三笠映画)/気象と火事(日映科学)/家庭音楽会(東映教育映画部)/童画(近代映協・山本プロ共同) (19)~(22)

記録映画の方法――明るいということなど思う
まゝ　京極　高英　23〜25
書評　佐々木基一著『現代の映画――その思想
と方法』　岩佐　25
アニメーション映画の技術　岡本　昌雄　26〜27
10月号予告　27
戦後の記録映画運動③――「記録教育映画製作
協議会」の運動を中心に　吉見　泰　28〜29
ヨーロッパの旅から　チエッコの映画祭のぞき記
厚木　たか　30〜32
「ミクロの世界」受賞――ベニス国際記録映画祭　32
観客のページ
〝記録映画を見る会〟の三日間　足立　興一　33〜34
記録映画を見る運動を進めていくねらいは
藤原　富造　34
「記録映画研究会」を続けたい　山岸　一章　34
最近の記録映画について　岩佐　氏寿　35〜36
第一回教育映画コンクール各部門入賞作品きまる　35
現場通信
沖縄の印象　田中　実　37
「千羽鶴」の上映運動について　坂斎小一郎　37
雨を待って　間宮　則夫　38
編集後記　岩佐　38
カット　朝倉摂／粟津潔／岩佐氏寿

第一巻第三号　一九五八（昭和三三）年一〇月一日

写真　南米パタゴニア探検（「大氷河を行く」
毎日映画社）　表紙
時評　再び記録短篇の劇場上映について　3
「戦後の記録映画運動」をめぐって
高島　一男　4〜6
記録映画の観客（1）――特に会員制のグルー
プについて　槙　英輔　6〜8
木村荘十二大いに語る――「千羽鶴」について
木村荘十二／編集部　9〜11
上半期の話題作　加藤松三郎　12〜15
第三回児童劇映画筋書募集中締切十月十日まで！
／一九五八年教育映画祭のお知らせ　15
ヨーロッパの旅から　チエッコの映画祭のぞき

記（下）　厚木　たか　16〜17
「第五福竜丸」撮影進む――海外から激励の手紙続々　17
プロダクションニュース　18
題名「十一人の越冬隊」完成――南極の越冬生活を記録！　18
新作紹介グラフ
小さな仲間（桜映画社）／ふるさとは豊かなり（全国農映）／おばあちゃんあやまる（桜映画社）／切手のいらない手紙（東映教育映画部）／はばとび（モーションタイムズ）／日のあたる子供たち（富士映画）／水ぐるま（モーションタイムズ）／叱るもの叱られるもの（日映新社）／空洞を探る（日映科学）／日本の祭り（東映教育映画部）／板硝子（岩波映画）／希望をのせて（アジア映画）／鳥の親と子（日本視覚教材）／かまきり（東映教育映画部）／海水のはたらき（モーションタイムズ）／どうぶつのおやこ（学研映画部）　(19)〜(22)
観客のページ
第一回「アジア映画を見る会」の成功を顧みて　阿部　政雄　23
優秀短篇映画を見る会を続けるにあたり　森　貞夫　23
夢と幻想の作家たち――アニメーションの第一人者を訪ねて
大藤信郎／山本善次郎／藪下泰司／岡本昌雄　24〜27
現場通信
世界への良心のともしびをかかげよう！――平和行進と第四回原水爆禁止世界大会の撮影に参加して　楠木　徳男　28〜30
家内工業の大撮影　川本　博康　30
精薄児に負ける　富岡　捷　31
シナリオハンティングで拾った話（その一）　岩佐　氏寿　31
読者の声　堀　章男　30
続ぶっつけ本番（1）　水野肇／小笠原基生　32〜33
一九五八年国民文化全国集会／虫の世界をおって三年がかりで撮影完成！　33

記録映画「山に生きる子ら」製作ルポ　川名　次雄　34〜36
第三回児童演劇会議開かる　36
海外だより　中国の記録映画　ハオ・ハン／中沢克也（訳）　37
ワイド・スクリーン
西尾善介／久保田義久／豊田敬太／仲原湧作／松本俊夫／永富映次郎／平田繁次／深江正彦／岩崎太郎／編集部　38
11月号予告　38
編集後記　山　之　内　38
カット　朝倉摂／粟津潔

第一巻第四号　一九五八（昭和三三）年一一月一日

写真「ミクロの世界」（東京シネマ）撮影スナップ　表紙
時評　教育映画祭を迎えて　3
アクチュアリティの創造的劇化――ドキュメンタリー方法論についてのノート（その一）
　野田　真吉　4〜6
「青少年映画対策としての入場税減免に関する陳情」運動はじまる　6
「忘れられた土地」記録映画研究会　座談会
高島一男／野田真吉／谷川義雄／坂田邦臣／宮崎彰／西本祥子／河野哲二／山岸一章／吉見泰／八幡省三／大島辰雄　7〜11
教育映画総合振興会議十月十八日テーマをきめ開催　11
最近の記録映画について（2）　岩佐　氏寿　12〜13
外国短篇映画枠外　外貨割当作品きまる！　13
児童劇映画について――その歴史的あらまし　道林　一郎　14〜15
第六回子どもを守る文化会議長野で開催　15
記録映画についての覚書――最近の諸作をみて　大島　辰雄　16〜18・23
国際短篇映画紹介（グラフ）
ヨハネ・ケプラーの業績（ドイツ）／リンカーンの顔（アメリカ）／空の鏡（イギリス）／古都フィレユッェ（イタリア・色彩）／熱い

大地（ニュージーランド）　(19)
1958年教育映画祭入選作品（グラフ）
日本の気象（日本視覚教材株式会社）／飛脚（記録映画社）／モンシロチョウ（学習研究社映画部）／ミクロの世界（東京キネマ）／おらうちの嫁（共同映画社）／一枚のふとん（教育映画）／五十万の電話（岩波映画製作所）／切手のいらない手紙（東映教育映画部）／古都の美（岩波映画製作所）／ペンギンぼうやルルとキキ（電通映画社）／めがね小僧（民芸映画部）／オモニと少年（民芸映画社）／家庭音楽会（東映教育映画部）　(20)～(21)
新作紹介（グラフ）
かあちゃんの生産学級（農山漁村文化協会）／下水道（岩波映画製作所）／でんでん虫の歌（桜映画社）／鳩ははゞたく（原水爆禁止日本協議会）／伸びゆく力（新理研映画株式会社）　(21)
一九五八年教育映画祭　23
第二回日本紹介映画コンクール　23

勤評と映画　山家　和子　24～25
記録映画の観客（2）――特に会員制のグループについて　槇　英輔　26～27
続ぶっつけ本番（2）　水野肇／小笠原基生　28～30
教育映画祭をめぐって　加納　竜一　30～31
作品評
奥さんの名前を書いたコップのシーンに感動――「十一人の越冬隊」　河野　哲二　32
命をかけて愛し合っているのに？――長編色彩漫画「白蛇伝」　長井　泰治　33
海外だより　トルンカの「真夏の夜の夢」　岩淵　正嘉（訳）　34
12月予告　34
第三回国民文化会議全国集会ルポ　島谷陽一郎　35
観客のページ
「忘れられた土地」の問題点　浅井　栄一　36～37
非選定映画をめぐって　川名　次雄　37～38
プロダクションニュース　36～38
ワイド・スクリーン
入江一彰／大沼鉄郎／山本竹良／杉原せつ／

永富映次郎／能登節雄 38
編集後記 岡本 38
カット 栗津潔／朝倉摂／田中弥壮

第一巻第五号 一九五八（昭和三三）年一二月一日

写真 黒部渓谷第二部「地底の凱歌」（日本映画新社） 表紙
時評 警職法の改悪と記録・教育映画 3
迫りくる危機と作家の主体——警職法改悪に私たちはいかに対決するか 松本 俊夫 4～5
記録映画・教育映画における〝暗い谷間〟の想い出
私は逮捕された 亀井 文夫 6～7
ズタズタにされてやっと上映 水木 荘也 7～8
プロキノの頃 上野 耕三 8～9
農民の顔のアップもカット 厚木 たか 9
声明書 教育映画作家協会運営委員会 9
カットされた警職法ニュース 10
アクチュアリティの創造的劇化——ドキュメンタリー方法論についてのノート（その二） 野田 真吉 11～14
おわびと訂正 野田 真吉 14
総会を十二月二七日に教育映画作家の一年の総結 14
1958年度教育映画祭作品評
国内 「もんしろちょう」を中心に 吉見 泰 15～16
外国 面白いようでつまらない映画とつまらないようで面白い映画 大沼 鉄郎 16～18
児童劇映画と児童 古川 良範 16～17
黒部峡谷第2部 地底の凱歌（日本映画新社）（写真頁） (19)
新作紹介（写真頁）
この子と共に（新理研映画）／カブトムシの研究（学研映画）／正男君のラジオ（日映科学）／かっぱの嫁とり（全農映）／わたしのおかあさん（東映）／蜜蜂のちえ（東映） (20)～(21)
アラン・レネエの作品（写真頁）
ゲルニカ（1950）／夜と霧（1955）／「ピカドン」改題 ヒロシマ・わが恋（1

958）　(22)
アラン・レネエにきく
アラン・レネエ／大島辰雄　23〜27
ワイド・スクリーン
木村荘十二／永富映次郎／黒木和雄／岡本昌
雄／大久保信哉／八木仁平／高綱則之／野田
真吉／丸山章治　27
〝青少年向映画の劇場上映〟など決議――第四
回映画観客団体全国会議　27
教材映画の世界　永原　幸男　28〜29
第12回国際科学映画協会大会に出て
岡田　桑三　30〜31
続ぶっつけ本番（3）　水野肇／小笠原基生　32〜34
子どもをとりまくこの現状――第六回子どもを
守る文化会議から　岩佐　氏寿　34〜35
プロダクションニュース　34〜35
現場通信
人形映画「かっぱの嫁とり」始末記
杉原　せつ　36
西陣の人々　藤原　智子　37
観客のページ　岡山映画サークル16ミリ会報告
寺沢　建　38
編集後記　丸山／松本　38

第二巻第一号　一九五九（昭和三四）年一月一日

写真「五千羽のイワツバメ」（東映教育映画部）　表紙
時評　新しい年を迎えて　3
フィクションについて　柾木　恭介　4〜5
PR映画の考え方　石本　統吉　6〜7
アクチュアリティの創造的劇化――ドキュメン
タリー方法論についてのノート（その三）
野田　真吉　8〜11
訂正　11
記録映画の範囲の拡大――「松川事件・フィ
ルムによる証言」を撮って　羽仁　進　12〜13
書店購読の皆さんへ　教育映画作家協会　13
白い少女をもとめて――映画における少年少女像
大島　辰雄　14〜16
女流作家の生活と意見

西本祥子／羽田澄子／山口淳子 16〜18
新作紹介（写真頁）
九年の歳月はかえられない（東京映画社）／バルーチャン建設（岩波映画）／母と子（民芸映画社）／第五福竜丸（近代映画協会・新世紀映画共同）／面接のしかた（東映）／南方定点観測船（新映画実業）／日本の工業地帯（日映新社）／五千羽のイワツバメ（東映）／最上川風土記（桜映画社）
亀井文夫作品集（写真頁） (19)〜(21)
生きていてよかった／流血の記録・砂川／世界は恐怖する／怒濤を蹴って／上海／小林一茶 (22)
記録映画の社会変革実行力――我が国ドキュメンタリーフィルムの先覚者亀井文夫にきく
亀井文夫／長野千秋／松本俊夫／渡辺正己 23〜29
観客組織の展望と今後 鈴木 幹人 30〜31
続ぶっつけ本番（4） 水野肇／小笠原基生 32〜33
現場通信
伊豆に憶う 八木 進 34
ある反省 深江 正彦 34〜35
観客のページ
最近の記録映画雑感 小野 善雄 36〜37
ささやかな疑問 吉川 透 37
プロダクションニュース 38
ワイド・スクリーン
永富映次郎／富岡捷／丸山章治／久保田義久／榛葉豊明 38
編集後記 岩佐 氏寿 38

第二巻第二号 一九五九（昭和三四）年二月一日

写真 ディズニープロ作品「ペリ」撮影風景 表紙
時評 『記録映画』の自主発行について 3
「物」のはずみについて 長谷川龍生 4〜5
社会教育映画をめぐってその問題点と今後の方向――社会教育映画試写研究会から（座談会）
河野哲二／梅田克己／小川紳介／西沢豪／岩佐氏寿／川名次雄／大島辰雄／京極高英／小津淳三／花松正卜 6〜10

社会教育映画における主体性について　谷川　義雄　11〜14
女流作家の生活と意見2　時枝　俊江　15
教育映画作家協会第五回定例総会から
問題意識に根ざしたグループ活動を　吉見　泰　16〜17
修正主義に反対し、二・三の反則を論ず――〈主体性〉論への提言（その1）　花松　正卜　17〜18
新作紹介（写真頁）
小さきものの世界（生物映画研究所・映配株式会社共同）／悪法（教育映画作家協会・民芸・自映連・共同映画社）／肝臓（東京シネマ）／チョゴリザ登頂（日映新社）／ぼくらも負けない（東映）／ピアノへの招待（日映科学）／技能と経験（第一映画社）／昔の農民（記録映画社）　(19)〜(21)
記録映画製作協議会の作品（写真頁）
日鋼室蘭／メーデー／朝鮮の子／月の輪古墳／米　(22)
戦後記録映画運動についての一考察――記録映画製作協議会の運動について　野田　真吉　23〜25・14
映画は道徳教育に役立つか　加納　竜一　26〜27
訂正　27
要約シナリオ　ヒロシマ・わが恋（マルグリート・デュラ原案）　大島辰雄（訳）　28〜29
二つの外国記録映画・作品評
魔術師の限界（ウオルト・ディズニー作品「ペリ」）　岡本　昌雄　30〜31
大衆芸能との接着点（ドーフィヌフィルム作品「シャンソン・ド・パリ」）　河野　哲二　30〜31
複眼ドラマ意識（ポーランド映画「影」）　松本　俊夫　32〜33
観客のページ「よい映画を見る会」から　大矢　恒子　32〜33
続ぶっつけ本番（5）　水野肇／小笠原基生　34〜36
現場通信
立山を背景に　樋口源一郎　36〜37
私は「現実」を二度のぞいた――「白い船」

ロケだより　荒井　英郎　37
プロダクションニュース　38
読者拡大運動に御協力下さい　38
編集後記　谷　川　38

第二巻第三号　一九五九（昭和三四）年三月一日

写真「青銅の顔」（スイス映画）　表紙
時評　機関誌を理論と実践の前進の場に　3
ライネッケ・フックス　花田　清輝　4〜5
特集　マス・コミ時代の記録・教育映画
鼠の責任について　大沼　鉄郎　6〜8
「太陽」と「風」　厚木　たか　9
マス・コミよありがとう　矢部　正男　10〜11
虎穴に入って虎に食われた話――テレビ時代　桑野　茂　12〜13
ルポルタージュ　テレビ映画・金と時間と人間の合戦記　14〜16
女流作家の生活と意見　その3
杉原せつ／藤原智子／かんけ・まり　16〜18
新作紹介（＊写真頁）
瀬戸内海（日映新社）／動物の子どもたち（日本視覚教材）／おさらいのしかた（東映）／おてつだいのしかた（東映）／注文の多い料理店（学習研究社）／多摩動物園（新映画実業）／都会と空と（北欧映画）／悪魔の発明（チェコフィルム）／沈清伝（朝鮮国立芸術映画）／人形は生きている（チェコスロバキア国立映画）　(19)〜(22)
「片隅の事実」は主張する――〈主体性〉論への提言　その2　花松　正卜　23〜25
最近の記録映画（3）　岩佐　氏寿　26〜28
書評
庶民の中で庶民を追求――佐藤忠男著『裸の日本人』　杉山　正美　28
記録主義のエッセイ――安部公房著『裁かれる記録』　野田　真吉　32〜33
作品評
空想科学と映画技術――「悪魔の発明」（チェコ）　苗田　康夫　29

続ぶっつけ本番（6）　水野肇／小笠原基生　30～31
エミールと生きている人形——子どもとアクションということ　大島　辰雄　32～33・8
現場通信
キョロロンの声　岩崎　太郎　34～35
ジエットを追って北海道を天駈ける記　永富映次郎　35～36
ワイド・スクリーン
古川良範／深江正彦／花松正ト／西尾善介／丸山章治／能登節雄／楠木徳男／吉見泰／杉原せつ／村田達二／永富映次郎／渡辺正己／西田真佐雄／岡本昌雄／菅家陳彦　37
プロダクションニュース　38
読者は増加しつつある——なお一層の協力と運動を　38
新編集委員決定　38
編集後記　吉見　泰　38

第二巻第四号　一九五九（昭和三四）年四月一日

写真　「昆虫の口とたべもの」（東映教育映画部）　表紙
時評　教育映画とは何か　3
視聴覚的人間形成の問題点　乾　孝　4～5
特集　教育映画を模索する
「教育」映画よさようなら　丸山　章治　6～7
ぼくの乱視　岡本　昌雄　7
教育映画の自由　岩佐　氏寿　8～11
教育映画をひろめる会　11
教室と映画を結ぶもの　鈴木喜代春　12～13
ぼくは困っている——曲り角の児童たち　大島　辰雄　14～15
学校教育映画の問題　高桑　康雄　16～18
新作紹介（写真頁）
醤油（岩波映画）／大気汚染（神奈川ニュース）／眼（読売映画社）／害虫と天敵（理研科学映画）／僕わかってる（桜映画社）／愛

することと生きること（桜映画社）／少年猿飛佐助（東映）／瀬戸内海（関西映画）／潜函（三井芸術プロ）／ふしぎな森の物語（イタリー）／青銅の顔（スイス） (19)〜(21)
最近の児童映画（写真頁）
チビデカ物語（民芸）／若き日の富田佐吉（東映）／わたしのおかあさん（東映）／コタンの口笛（東宝） (22)
社会教育映画の課題（座談会）
重松敬一／豊田敬太／田中徹／荒井英郎／吉見泰 23〜28
大いなる想像力——児童劇映画への作品評的な註文　佐野美津男 29〜31
ドキュメンタリー映画と商業映画産業——『ドキュメンタリー映画論』より
ポール・ローサ、シンクレア・ロード（共著）／厚木たか（訳） 32〜33
朝鮮映画のあけぼの「沈清伝」のことなど　山内　達一 34〜35
「戦艦ポチョムキン」の上映運動について
現場通信　山田　和夫 35・28
「日本の政治」雑感　谷川　義雄 36〜37
道徳教育について　間宮　則夫 37
プロダクション・ニュース 38
読者招待映画会予告 38
読者拡大について 38
編集後記　岩佐　氏寿 38
誤植及び訂正 38

第二巻第五号　一九五九（昭和三四）年五月一日

写真「飛鳥美術」（岩波映画） 表紙
時評　記録映画と劇映画 3
条件乱反射　関根　弘 4〜5
「日本の政治」をめぐって——総評を囲む座談会
若林理／谷川義雄／中村利一／矢部正男／大沼鉄郎／杉山正美／野田真吉 6〜9・18
戦前・戦後のメーデー映画——情熱と斗争の歴史・その今後　山岸　一章 10〜11

作家の内部世界をどうとらえるか――〈作家主体論争〉への一つの異見　丸山　章治　12～14
教材映画のあり方――その小さな対象の問題　石田　修　15～16
第二回読者招待特別試写会「記録映画を見る会」として――五月二二・二三日に　16
創作への条件――本論を書く前にちょっとひと言　吉見　泰　17
プロダクション・ニュース　18
新作紹介（写真頁）
飛鳥美術（岩波映画）／おやじ（共同映画社・記録映画社）／おいしゃさん（学研映画部）／ラジオのある教室（日映科学）／九州地方（東映）／鉄道郵便車（三木映画社）／偉大なる建設（マツオカ・プロ）／心と病気（桜映画社）／東京の生活（新世界プロ）　(19)～(21)
イギリス短篇映画（写真頁）
小さな島／ハレムの一夜（ファンタジアプロ）　(22)
時評的試論　恋人たちをさえぎる汚れた手――「恋人たち」（ルイ・マル）の税関カット問題　大島　辰雄　23～27
自主上映促進全国協議会へ
プログラムにない一幕――「皇太子結婚のニュース・記録映画」を見る　山之内　27
非現実性のアクチュアリティ――芸術大衆化に関する一考察　玉井　五一　28～29
海外だより　野田　真吉　30～34
チエコ　あやつり人形による映画「ファウスト」　岩淵　正嘉　34
記録映画を見る会御案内　34
作品評　小動物の標本的羅列――「小さきものの世界」　谷川　義雄　35
現場通信
創作日誌から　岩堀喜久男　36～37
闘いの日々――「春を呼ぶ子ら」ロケだより　神原　照夫　37
イタリア映画祭ちらり　決算期に来たネオ・レアリズモ　大沼　鉄郎　38
編集後記　谷　38

第二巻第六号　一九五九（昭和三四）年六月一日

写真　「二十四時間の情事」（日仏合作）　表紙
時評　創刊一周年を迎えて　3
子どもに「悪」を！――通俗児童映画の現在性　佐藤　忠男　4〜5
作家の主体とドキュメンタリーの方法
倒錯者の論理――主体論の再検討のために（1）　松本　俊夫　6〜9
死体解剖と生体解剖――ドキュメンタリー方法論批判　石子　順造　9〜13
誤植訂正　13
映画は現実の子どもをとらえているか　古田　足日　14〜17
宣伝部員としての作家――感動的なものの少ない1959年度P・R映画祭　大島　正明　17
新作映画紹介（＊写真頁）
らくがき黒板（近代映画協会）／すみ子先生（東映）／畑地かんがい（記録映画社）／山陰の生活（日映新社）／東海の春（日映新社）／三十二人のきょうだい（日本短篇映画）／ネンネコおんぶ（日経映画社）／伸びゆくスライド・ファスナー（岩波映画）／セーヌの詩（仏・ガランスプロ）／灰とダイヤモンド（ポーランド国立映画カードル・プロ）　(19)〜(21)
注目される二つの劇映画（＊写真頁）
二十四時間の情事（大映・パテ・オーバシーズ合作）／素晴らしき娘たち（東映）　(22)
座談会　記録映画のカメラマン
白井茂／林田重男／岩佐氏寿　23〜27
ドキュメンタリィはどこへ行く――『ドキュメンタリー映画論』2
ポール・ローサ、シンクレア・ロード（共著）／厚木たか（訳）　28〜30
社会主義社会を建設する映画作家たち――ソ連映画人を囲む座談会報告　大沼　鉄郎　30〜32
作品評
「おやじ」　何といじらしいこのおやじ　西本　祥子　33

「らくがき黒板」　リアリティに乏しい児童劇　川本　博康　34
「飛鳥美術」　黒の階調の美しさ――欲しい芸術社会学的筋金　樋口源一郎　35
現場通信　カニ船同乗記　西沢　豪　36〜37
プロダクションニュース　37〜38
編集後記　岩佐　氏寿　38

第二巻第七号　一九五九（昭和三四）年七月一日

写真　「春を呼ぶ子ら」（新世界プロ）　表紙
時評　科学の進歩について　3
衝撃的モンタージュの回復　瀬木　慎一　4〜5
特集　科学映画は変革への行動を開始する
日本の自然科学映画的思想について　渡辺　正己　6〜8
科学映画論のために――シンポジウムへの報告　吉原　順平　8〜11
シンポジウム　科学映画を科学する
吉原順平／吉見泰／矢部正男／岡本昌雄／吉田六郎／長野千秋
新作映画紹介（写真頁）　12〜18
栗の木と昆虫（理研科学映画）／鉄をつなぐ火花・第二部（三井芸術プロ）／稲を護る人々（日映新社）／道徳を育てる生徒たち（日経映画社）／高速道路（日映新社）／武士のくらし（記録映画社）／うわさはひろがる（科学映画社）／かんぶつや（日経映画社）／雨水のゆくえ（日本視覚教材）／X線撮影法の進歩（日映科学）／話のしかた（東京フィルム）／お母さんの耳は買えない（東映教育映画部）／春を呼ぶ子ら（新世界プロ）／馬のおいたち（日本視覚教材）／南十字の下（イタリーフィルム）
海外長篇記録映画二つ（写真頁）　(19)〜(21)
アルピニスト岩壁に登る（仏フィルマルティック・プロ）／黄色い大地（伊レオナルド・ボンツィ）
最近の劇映画から（写真頁）　(22)
お染久松そよ風日傘（東映）／十二人の怒れ

る男（米オリオン・ノヴァ・プロ） ⑿
自主映画「釘と靴下の対話」を用意したもの――
日本大学芸術学部映画学科映画研究会33年度
作品について　平野　克己　23～25
作品研究
新鮮な残像が愉しい「潮の合い間」・作家内
部が知りたい「蜂の国の驚異」
岡本　昌雄　26～27
平和のイマージュ「同じ空の下に」について
野田　真吉　28～30
作品評
「素晴らしき娘たち」　人間性への信頼に好感
かんけ・まり　30
「春を呼ぶ子ら」　外側からの貧しさの展望
苗田　康夫　31
P・R映画スポンサーの側から――作家宣伝部
員説に物申す　柳田　守　32～33
引かれものの小唄――岩堀喜久男氏に答える
日高　昭　33
ドキュメンタリィはどこへ行く2――『ドキュ
メンタリー映画論』3
ポール・ローサ、シンクレア・ロード（共著）
／厚木たか（訳）　34～36
書評『P・R映画年鑑』一見非の打ちどころ
ない集大成――だが内容に幅が欲しい気もす
る　加藤松三郎　36
八月号予告　36
現場通信　超大・超々遅々　高島　一男　37
記録映画を見る会7月例会案内　38
プロダクションニュース　38
編集後記　野田　38

第二巻第八号　一九五九（昭和三四）年八月一日

写真「アルピニスト・岩壁に登る」（仏フィ
ルマルティック・プロ）　表紙
時評　安保条約改定と記録・教育映画
ヤンガー・ジェネレーションの戦後意識　3
特集　記録映画の戦後体験
武井　昭夫　4～7

それは挫折したがこれからだと思う　京極　高英　8〜10
矛盾の中から　桑野　茂　10〜14
ひとつの感想　厚木　たか　14〜15
主体を瞶めること　高島　一男　15〜17
なぜわれわれは安保条約反対の映画を作るか　富沢　幸男　18
新作映画紹介（写真頁）
ガン細胞／円の研究（16ミリ映画社）／発明ハッちゃん・新案シンちゃん（山本プロ）／新しい働き者（三井芸術プロ）／雛の上手な育て方（世界文化映画社）／私たちの水泳（岩波映画）／コンクリートを科学する（岩波映画）／シンクロリーダー（読売映画社）／ぐちっぽいおかあさん（東映教育映画部）／みんな看護婦さん（社会教育映画社）／私はキャプテン（新東宝教育映画部）／日本の郵便（三木映画社）／深海三千米の神秘（日映新社）／日本のあけぼの（学研映画部）　(19)〜(22)
ヒロシマ・わが想い――シンポジウムのための
レポート　大沼　鉄郎　23〜24
君は何も見ていない――シンポジウム「二十四時間の情事」（「ヒロシマわが恋人」）
柾木恭介／松本俊夫／大島辰雄／大沼鉄郎／高島一男　24〜31
産業文化映画祭開く――八月十三日〜九月四日　31
第一回児童文学全国集会の試み　31
マス・コミは反動化する　その送り手と受け手の問題――国民文化会議映画部会マス・コミ研究会レポート　山之内重己／大沼鉄郎　32〜33
記録映画を見る会八月例会案内　33
「記録映画を見る会」第二回研究会のお知らせ　33
「敗戦」と「戦後」の不在――主体論の再検討のために（2）　松本　俊夫　34〜36
作品寸評
「花嫁の峰　チヨゴリザ」　杉山　正美　37
「アルピニスト岩壁に登る」　林田　重男　37
エチエンヌペリの佳篇「ビュッフエの芸術」　大島　辰雄　37
プロダクション・ニュース　38

編集後記　野田　38

第二巻第九号　一九五九（昭和三四）年九月一日

写真　「釘と靴下の対話」（日本大学芸術学部
映画学科映画研究会）　表紙
時評　松川裁判から安保改定まで　3
記録映画と政治　佐々木基一　4〜5
政治的現実と作家の問題
政治と作家――創作への条件（2）　吉見　泰　6〜8
不毛の倫理・〈主体論〉からの解放
花松　正ト　8〜13
映画「安保条約」（二巻）が完成しました。　13
東映児童劇映画について　佐野美津男　14〜15
研究資料　アヴァンギャルド記録映画について
の若干の考察
ヨーリス・イヴェンス／大島辰雄（訳）　16〜18
「記録映画の友の会」をつくろう　18
新作映画紹介（＊写真頁）
海壁（岩波映画）／強く明るいできる子に
（新世界プロ）／裁判のＡＢＣ（日映新社）
／空の駅（凡ぷろ）／鮎の一生（映画日本社
小林プロ）／越後平野の米つくり（日経映画
社）／たくましい仲間（日本フィルム）／東
北の農村（日映新社）／税関のしごと（モー
ションタイムス）　(19)〜(22)
内外二つの劇映画（＊写真頁）
浪花の恋の物語（東映）／暴力への回答（ポー
ランド国立映画）　(22)
記録映画作家の戦後体験2
ＲＨＡＰＳＯＤＩＡ　ＳＴＵＰＩＤＡ――戦
後意識にかえて　八木　仁平　23〜25
或る三十代の歴史――戦中派としての発言
楠木　徳男　25〜27
東独記録映画「アンネの日記」　27
「月の輪古墳」から考えること　杉山　正美　28〜30
記録映画を見る会九月例会案内　31
世界の記録映画作家研究　31
ドキュメンタリィはどこへ行く3――『ドキュ

メンタリー映画論』 4
ポール・ローサ、シンクレア・ロード（共著）
／厚木たか（訳） 32〜35
作品評
「ネンネコおんぶ」 常識的な社会改良主義
杉原 せつ 35
子役の精神「怪傑黒頭巾・爆発篇」について
佐々木 守 36〜37
現場通信 サービス精神の方法――「海壁」を
支えるもの 黒木 和雄 37
プロダクション・ニュース 38
編集後記 大沼 38

第二巻第一〇号 一九五九（昭和三四）年一〇月一日

写真 「安保条約」（安保映画制作委員会） 表紙
時評 映画運動の発展のために 3
戦後体験とドキュメンタリーの方法
針生 一郎 4〜6
特集 映画運動の展望
記録映画制作協議会運動の周辺 河野 哲二 7〜10
挫折・空白・胎動（そのⅠ）――記録映画制
作協議会以後 野田 真吉 10〜12
学生の映画制作運動について 神原 照夫
12〜13・36
移動映写隊から反マス・コミの闘いへ
中村 利一 14〜16
映画運動・九州 徳永 瑞夫 16〜18
映画サークルの問題点――集団批評の肥沃な
土壌に 高倉 光夫 23〜26
観客運動としての「戦艦ポチョムキン」上映
運動 山田 和夫 26〜29
新作映画紹介（＊写真頁）
なかよし港（東映）／水族館（日本視覚教材）
／王様になった狐（人形映画製作所・電通映
画社・教配）／幼児のまね（富士映画）／谷
間の母子（新理研映画）／婦人会日記（共同
映画）／たくましき母親たち（桜映画社）／
しろあり（社会教育映画社）／希望の国ブラ
ジル（光・報道工芸）／エチケット（三木映

画）／伸びゆく力（全農映）／いとこ同士（＊フランス）／最後の戦線（＊ドイツ）／人間の壁（山本プロ） (19)〜(22)
プロキノの映画を見る――記録映画研究会十月例会 29
シナリオ　安保条約(二巻)　松本俊夫／関根弘 30〜35
前号・Jイヴェンス研究ノート補訂　大島 37
五九年度教育映画祭近づく 37
プロダクションニュース 38
『記録映画』バックナンバーあります 38
編集後記　松本 38

第二巻第一一号　一九五九（昭和三四）年一一月一日

写真「実験動物マウス」（東京シネマ） 表紙
時評　教育映画祭をふりかえって 3
特集1　映画運動一九五九
新しい映画運動への一つの提言――「荷車の歌」の教訓から　瓜生　忠夫 4〜5
京都記録映画を見る会の今日　小野　善雄 6〜8
東京映愛連は模索する　永岡　秀子 8〜11
挫折・空白・胎動（その二）――記録映画製作協議会以後　野田　真吉 11〜13
記録映画を見る会十一月例会 13
連載座談会　プロキノ運動の再検討第一回――その沿革史的展望
岩崎昶／並木普作／能登節雄／吉見泰／野田真吉／大島正明 14〜18
新作映画紹介（写真頁）
石油の国クウェイト（マッオカ・プロ）／二枚の絵（東映）／すりばち学校（渡辺プロ）／伸びゆく只見川（新潟映画社）／世界の河は一つの歌をうたう（世界労連）／にあんちゃん（日活）／人間の条件（松竹）／野火（大映） (19)・(22)
1959年度教育映画祭入選作品から（写真頁）
ある主婦たちの記録（東映）／ポロンギター（学研）／あさりの観察（学研）／こねこのスタジオ（東映）／六人姉妹（東映）／ぼくは走らない（共同映画社）／新しい製鉄所

（岩波映画）
国際短篇映画祭のなかから（写真頁） (20)〜(21)
スイスのバロック芸術（ドキュメンター・フィルム）／とんぼ（ポーランド）／わたしの家（ザブレブ・フイルム）／鉄のリズム（イギリス） (21)
特集2　映画「安保条約」を批判する
観客を忘れた表現方法　川本　博康　23〜24
プロパガンダ映画の真の黎明　長野　千秋　24〜25
無理難題と道化　玉井　五一　25〜26
創造と組織の一元化を訴える　大島　辰雄　26〜28
高見からの一方交通　河野　哲二　29〜30
作家の政治意識について　朝倉　摂　30〜31
映画運動の曲り角　吉見　泰　31〜32
生活の中の危機意識——「生まれくる者のために」評　苗田　康夫　33
予断と偏見——佐野検事の論告に対し東映児童劇を弁護する　粟山　富郎　34〜35
Xマン撮影顛末記——あるニュース映画の蔭の物語　大峰　晴　36〜37
プロダクション・ニュース　38

第二巻第一二号　一九五九（昭和三四）年一二月一日

写真「マリン・スノー」（日大芸術学部映画研究会）　表紙
時評　月の裏側に何をみたか　3
被害者意識のパターン　柾木　恭介　4〜5
特集　現代の方法を探究する
人間と胃袋のためのプログラム——P・R映画とドキュメンタリー方法論の問題　松川八洲雄　6〜9
児童劇映画論　岩佐　氏寿　9〜10
殺人の方法　西江　孝之　11〜14
オキナワ（1）　見たまま感じたまま　間宮　則夫　14〜15
作家の主体と戦争戦後責任について——松本俊夫の毒舌に答える　丸山　章治　16〜18
第二回安保批判講演と映画の夕べ　18
新作紹介（写真頁）

失業（総評・製作委員会）／ヒロシマの声（日本ドキュメントフイルム）／燃えろ聖火（日映新社）／日本一の米つくりグループ（濃文協）／記憶と学習（科学映画社）／葉の形とはたらき（日本視覚教材）／暮しと家具（日映科学）／力をとくするしくみ（芸術映画社）／結核菌と化学薬剤（東京シネマ）／鳩杖（東映）／火山の驚異（仏U・G・C）／少年猿飛佐助（東映）／愛と希望の街（松竹） (19)～(22)
連載座談会　プロキノ運動の再検討第二回——その評価と継承の問題
岩崎昶／並木晋作／能登節雄／長野千秋／大島正明／山岸一章／吉見泰／野田真吉 23～26
教育映画祭の底にあるもの
「ある主婦たちの記録」について　矢部　正男 27～28
前向きへの期待　花谷　晃至 28～29
国際短篇映画祭批判　渡辺　正己 29～30
記録映画を見る会十二月例会／世界の子供たち
特集映画会 30
ドキュメンタリィはどこへ行く4——『ドキュメンタリー映画論』
ポール・ローサ、シンクレア・ロード（共著）／厚木たか（訳） 31～33・30
作品評　エキゾチックな興味に焦点——「黄色い大地」　田畑　正一 34～35
現場通信
シカの顔について　岩佐　氏寿 35～36
コヤシに恨みは………　西田真佐雄 36～37
猿まわされの記録　山口　淳子 37
プロダクションニュース 38
編集後記　野　田 38

第三巻第一号　一九六〇（昭和三五）年一月一日
写真「Nの記録」（日大芸術学部映画研究会） 表紙
時評　新年にあたって 3
このごろの映画論と記録映画　岩崎　昶 4～5
記録映画を見る会一月例会 5

作家の発言

社会教育映画というもの　岩堀喜久男　6〜9
作りての少ない映画——「失業」後記　京極　高英　9〜11
作家と現実のズレの中に——創作への条件3　吉見　泰　11〜12
モンタージュの前衛——方法論への試み　康　浩郎　12〜14

現場でみつめる

オキナワ2　見たまま感じたまま　間宮　則夫　15〜16
「月の輪古墳」から考えること2　杉山　正美　16〜17
ジューク・ボックス（＊投稿欄）　18
新作紹介（写真頁）
刈干切唄（記録映画社）／相模川（神奈川ニュース映画協会）／ありとはと（学研映画部）／小鹿物語（東映教育映画部）／谷間の母子（日映新社）／海を渡る鉄道（文化映画研究所）／300トントレーラー（運輸新聞映画部・産経映画技術研究所）／雪国のくらし（東映教育映画部）／行司（岩波映画製作所）／渚にて（ユナイテッド・アーチスツ）／ロベレ将軍（イタリー・フィルム社）　(19)〜(22)
第4回全日本学生映画祭から（写真頁）
Nの記録（日本大学芸術部映研）／ひとりぼっち（東北学院大学映研）／木立の影（学習院大学映研）　(22)
座談会　映画における記録性
村山新治／大島渚／岩佐氏寿／野田真吉／松本俊夫　23〜27
平衡感覚の破壊　粕　三平　28〜29
「エラブの海」潜水記　西尾　善介　30〜32
『カリガリからヒットラーまで——ドイツ映画の心理的歴史』1
ジーグフリード・クラカウア／二木宏二(訳)　32〜34

作品評

わたしの声——映画「ヒロシマの声」をみて　西江　孝之　35〜37
ど肝を抜かれて笑ってしまう科学映画——

「火山の驚異」　吉見　泰　36
現場通信　初めから帰路　加藤　公彦　37

第三巻第二号　一九六〇（昭和三五）年二月一日

写真　「13階段への道」（西独コンチネント・フィルム）　表紙
時評　「黄金」の年の序曲　3
危険の報酬　中原　佑介　4〜5
芸術的サゾ・マゾヒストの意識――もしくは創作の内的過程と芸術的効果性について　松本　俊夫　6〜9
特集　記録映画の今日的課題「失業・炭鉱合理化との闘い」
作家の姿勢と根性　八幡　省三　10〜11
浪花節的世界からの脱却　池田　龍雄　11〜12
自然主義リアリズムの限界　谷川　義雄　12〜13
感動の中の二・三の疑問　菅家　陳彦　13〜14
一般的状況と作家の主体　且原　純夫　14〜15
オキナワ3　見たまま感じたまま　間宮　則夫　16〜17
教育映画作家協会第六回総会開かる――60年活動方針と役員の改選　17
ジューク・ボックス（＊投稿欄）　18
新作紹介（＊写真頁）
眼が欲しい（都映画社）／秘境ヒマラヤ（読売映画社）／渡り鳥の生活（新世界プロ）／たのしい合奏（モーション・タイムズ）／越後平野の米作り3・秋のしごと（日経映画社）／結婚の条件（日経映画社）／海の恋人たち（桜映画社）／青空童子（日大芸術学部映画学科）／脱走兵（ポーランド国立映画製作所）／13階段への道（西独コンチネント・フィルム）／オリーブに生きる人々（伊アルド・ゴディ・リオネット・ファッブリィ・プロダクション）　(19)〜(22)
現実変革のヴィジョンを――第四回国民文化全国集会の報告　野田　真吉　23〜26
作家と観客を結ぶ記録・教育映画ガイド
記録映画を見る会二月例会／ルイス・ブニュエルの名作「忘れられた人々」上映／労働組

合視聴覚研究全国集会伊東市で開催 27
『カリガリからヒットラーまで——ドイツ映画の心理的歴史』 2
ジーグフリード・クラカウア／二木宏二(訳) 28〜29
新刊書紹介 29
シナリオ　失業——炭鉱合理化との闘い
徳永瑞夫／京極高英 30〜36
作品評　楽しいPRのために——「暮しと家具」
高倉　光夫 36〜37
現場通信　野鳥を追って　小津　淳三 37〜38
プロダクション・ニュース 38
編集後記　野 38

第三巻第三号　一九六〇（昭和三五）年三月一日

写真　「沼辺の小さな生物」（東映） 表紙
時評　「労働組合視聴覚全国集会」の成果をふかめよう。 3
総合主義芸術論——ダンスからテレビまで1
柾木　恭介 4〜5
現実と戦後体験の二重像　長野　千秋 6〜8
作家と読者を結ぶ記録・教育映画ガイド
記録映画を見る会三月例会／西武記録映画を見る会三月例会／京都記録映画を見る会三月例会／安保条約反対と黒い羽根運動のために／本誌創刊二周年記念特別映画会予告／近代美術館フィルムライブラリーの予定／自主上映春の映画会 9
特集　社会教育映画
当面の諸問題　河野　哲二 10〜13
作家の思想性　羽田　澄子 13〜15
横たわる「壁」　道林　一郎 15〜16
自戒から明日へ　古川　良範 16〜17
記録映画バックナンバー在庫分 15
ジューク・ボックス（＊投稿欄） 18
新作紹介（写真頁）
沖縄（日経映画社）／三つの家計簿（日経映画社）／横河電気（記録映画社）／さよ達の願い（自然科学映画社）／ホゼイ・トレス（草月アートセンター）／いのちの詩（電通）

／オランウータンの知恵（日本映画新社）／大いなる旅路（東映）／両面の鏡（フランコ・ロンドン・フィルム・チェイ・インコム共同）／白い荒野（ウォルト・ディズニー）／白鳥の湖（ソ連中央記録映画撮影所）　⒆〜⒇
連載座談会3　プロキノ運動の再検討
北川鉄夫／古川良範／山田三吉／小森静男／粕三平／岩崎昶／長野千秋／野田真吉　23〜28
プロキノ運動年表　29〜30
現実・作家ドキュメンタリー——戦後記録映画をめぐって　西本　祥子　31〜33
『カリガリからヒットラーまで——ドイツ映画の心理的歴史』3
ジーグフリード・クラカウア／二木宏二（訳）　34〜37
プロダクション・ニュース　38
次号予告　38
編集後記　N　38

第三巻第四号　一九六〇（昭和三五）年四月一日

写真「白い崖」（東映）　表紙
時評　内濠もうづめられるか　3
構成体論——フォルマーツイヤに関する私見　長谷川龍生　4〜5
特集　モンタージュの再検討
モンタージュ論は死なない——エイゼンシュテインの遺産について　山田　和夫　6〜9
〝状況〟の下で寝ていられない　神田　貞三　9〜11
モンタージュについてその覚え書　樺島　清一　12〜14
ワン・ショットとモンタージュ　羽仁　進　14〜16
読者への通信　16
作家と読者を結ぶ記録・教育映画ガイド
世界の実験映画を見る会／西武記録映画を見る会四月例会／映画サークル優秀映画会おしらせ／春の産業文化映画祭　17
じゅーくぼっくす（＊投稿欄）　18

新作紹介（＊写真頁）
白い長い線の記憶（日本映画新社）／液体のはたらき（三木映画社）／いなかねずみとまちねずみ（学研映画部）／息子の日記（東映教育映画部）／描きつづけた三歳の生涯（文化映画研究所）／稲の「密植」（芸術映画社）／ランプおじいさん（日写映画社）／たのしい手芸（文化映画研究所新東映画社）／明日を耕す（記録映画社）／蝶々はここに住まない（チェコスロバキア映画）／竹（ポーランド国立記録映画撮影所・ヴェトナム文化部映画局）／春香伝（朝鮮民主主義人民共和国国立芸術映画撮影所）／勝手にしやがれ（＊フランス）／白い崖（東映）／秘密（東映）　(19)〜(22)
連載座談会4　プロキノ運動の再検討
粕三平／北川鉄夫／岩崎昶／小森静男／山田三吉／古川良範／長野千秋／野田真吉　23〜28
スポンサー教育序説――PR映画論　大島　正明　29〜31
汎犯人的殺人事件――記録映画論　渡辺　正己　31〜33
『カリガリからヒットラーまで――ドイツ映画の心理的歴史』4
ジーグフリード・クラカウア／二木宏二（訳）　34〜35
作家と労働組合――労視研大会の感想断片　八幡　省三　36
現場通信　越後平野の農村――荻島部落　前田　庸言　37
教育映画作家協会研究会ニュース　38
会員の仕事　38
次号予告　38
編集後記　吉見　泰　38

第三巻第五号　一九六〇（昭和三五）年五月一日

写真「人間みな兄弟」（日本ドキュメンタリー・フィルム社）　表紙
時評　フイルム・ライブラリーを作家の手で　3
特集1　映画と教育
視聴覚メディアの機能と論理　稲葉三千男　4〜6
政治・芸術・人間――労働組合の映画運動に

ついて
座談会　教育者の眼と作家の眼　吉見　泰　6〜8
加納竜一／西本祥子／石田修／岩堀喜久男
／荒井英郎／吉見泰　9〜14
作家と読者を結ぶ記録・教育映画ガイド
西武記録映画を見る会五月例会／国民文化会議映画部会研究会／記録映画を見る会五月例会／日越友好親善記録映画の夕／都民劇場文化映画の会／法政大学映画教室の知らせ　15
『カリガリからヒットラーまで——ドイツ映画の心理的歴史』5
ジーグフリード・クラカウア／二木宏二(訳)　16〜17
北京だより　京極　高英　17
じゅうく・ぼっくす（＊投稿欄）　18
新作紹介（＊写真頁）
大阪繁盛記（日経映画社）／印画紙の話（日映科学）／エラブの海（日映新社）／お父さんは働いている（三木映画社）／若いやつ（記録映画社）／スランプ・仕事の調子（日映科学）／三人兄弟とその母（東映教育映画部）／乳牛のしつけ（農山漁村文化協会）／人間みな兄弟・部落差別の記録（日本ドキュメントフィルム・芸術映画社・松本プロダクション）／ぼくはおそばやさん（しばたプロダクション）／かあちゃんはぼくらの太陽（東映教育映画部）　(19)〜(22)
特集2　作家の発言
心配すると猫も死ぬ　大沼　鉄郎　23〜26
作家の衰弱——私の記録映画論　大島　渚　26〜28
俗流漫画擁護論批判——現代児童漫画私論1　佐野美津男　29〜31
教育映画作家協会研究会ニュース　31
バックナンバー在庫分　31
作品評　美術映画への註文状——「天平美術」　平田　清耕　32
高島一男追悼頁
高島一男に／想い出／君は去った
松本俊夫／西田真佐雄／野田真吉　33〜34
遺稿・作品評　脱し切れなかった物語性の桎梏——「黒い画集」　高島　一男　34〜35

現場通信
「若いやつ」漁村の青年たち　秦　康夫　36
アフリカからの手紙　岩佐　氏寿　37
読者からの手紙　グルッペ・キネマ・アルファを結成して　榎本　利男　38
会員の仕事　38
編集後記　38
次回予告　創刊二周年記念　38

第三巻第六号〈創刊二周年記念号〉

一九六〇（昭和三五）年六月一日

写真　「太陽がいっぱい」（仏伊合作）　表紙
時評　あたりまえでないことがあたりまえになってはいけない　3
特集　創造的想像力
モノいう壁――PR映画と想像力　玉井　五一　4〜5
前衛映画の系譜と今日――フランスを中心に　大島　辰雄　6〜9
ドキュメンタリィ映画の系譜――一九二〇年から第二次世界大戦まで　厚木　たか　10〜12
隠された世界の記録――ドキュメンタリーにおける思想力の問題について　松本　俊夫　12〜17
「もの」への挑戦　吉田　喜重　17〜18
児童漫画的想像力――現代児童漫画私論2　佐野美津男　23〜25
映画音楽の実験性　湯浅　譲二　25〜28
実験映画論ノート――あるいは映画的イマージュの回復のために　野田　真吉　29〜32
座談会　ドキュメンタリーとは何か1
佐々木基一／関根弘／柾木恭介／武井昭夫／野田真吉／松本俊夫　33〜37
読者への通信　二周年記念懇談会への招待　9
新作紹介（写真頁）
農業共同化のあゆみ（社会教育映画社）／マリン・スノー（東京シネマ）／まこと君のひけめ（東映教育映画部）／たのしい共同製作（科学映画社）／末っ子大将（新日本プロダクション）／ひろがりゆくオートメーション

（記録映画社）／プレミアムマラソン（理研科学映画）／機械文明の騎士たち（日経映画社）／親鸞（東映）／青春残酷物語（松竹）　(19)〜(22)
西武記録映画を見る会六月例会／『記録映画』綴り込みファイル完成　28
編集後記　野　37
誤植訂正　37

第三巻第七号　一九六〇（昭和三五）年七月一日

写真　安保反対を斗う三井の炭鉱労働者（国際報道写真展）　表紙
声明　安保体制打破の闘いの新しい段階にあたって　教育映画作家協会運営委員会　3
芸術の未来像　記録芸術・言語と映像のストラッグ　安部公房／野田真吉　4〜7
特集　映画表現の技術
映画における〈視線〉の問題——視野角度焦点深度が意味するもの　岡田　晋　8〜10
時間表現の技術——映画の「時間」について　矢部　正男　10〜12
映画技術と実験映画　勅使河原宏　12〜14
大衆批評のなかの技術　木崎敬一郎　14〜16
私の記録映画論——ZOOと記録の関係　山際　永三　16〜18
（＊写真頁）
歩みはおそくとも（全国農村映画協会）／アイソトープの利用（新理研映画）／神戸ッ子（三井芸術プロ）／DOCK　No.3（日映科学）／北陸トンネル（新理研映画）／おしげさん（春秋映画）／花のジプシー（日映科学）／横山大観（新理研映画）／ガラスの目玉（近代映画協会）／日本の子どもたち（長崎県教組・新世紀映画・共同映画社）／生産と学習（共同映画社）／黒いオルフェ（仏ディスパ・フィルム）／サンポ（ソ連・フインランド合作）／真夏の夜の夢（チェコスロバキア）　(19)〜(22)
座談会　ドキュメンタリーとは何か2
武井昭夫／関根弘／佐々木基一／柾木恭介／

野田真吉／松本俊夫　23〜29
『カリガリからヒットラーまで――ドイツ映画の心理的歴史』6
ジーグフリード・クラカウア／各務宏（訳）　30〜32
ルポタージュ　6・15深夜国会正門前　苗田　康夫　33・38
作品評
「人間みな兄弟」　断片的な作家の眼　藤原　智子　34〜35
「オランウータンの知恵」　ペットをみつめる優越感　永岡　秀子　36
書評　新しさのパターン――羽仁進著『カメラとマイク』　松尾　一郎　35
現場通信　中国便り　京極　高英　37〜38
誤植訂正　38
西武記録映画を見る会ガイド　38
編集後記　野　田　38

第三巻第八号　一九六〇（昭和三五）年八月一日

写真　ピカソの陶皿　表紙
時評　膨大なエネルギーを空転させないために――その発展と前進のために　3
特集　批評精神の再組織　3
批評について――映画批評家とは何か　佐藤　忠男　4〜5
映画批評への不信と期待　高瀬　昭治　5〜7・38
作家と批評精神――タタミの上の水練でなく　丸山　章治　8〜9
記録・教育映画の現状打解のために
社会教育映画と階層――壁を破るために　永島　利明　10〜12
プロキノ――その意義と教訓　冨士田元彦　12〜15
映像試論――映像とは何か　西村　政明　16〜17
ショット論――映像研究のために　米長　寿　17〜18
夏の産業文化映画祭のお知らせ／「一九六〇年

六月・安保への怒り」 完成！ 18
（＊写真頁）
1960年6月・安保への怒り（安保反対映画製作委員会）／日本の舞踊（岩波映画）／マスコミと私たちの生活（文化画映研究所・新東映画社）／世紀のデリック（新映画実業）／細胞の観察（東映教育映画部）／荷役はわかる（運輸新聞映画部）／鉄に生きる（三井芸術プロ）／伸びゆく鋼管（岩波映画）／君たちはどう生きるか（東映教育映画部）／資本の世界（日映科学）／美しいネオンとみりの蔭に（新理研映画）／真夏の夜のジャズ（米レーヴン・プロ）／西遊記（東映動画部） (19)〜(22)
『カリガリからヒットラーまで――ドイツ映画の心理的歴史』 7
ジーグフリード・クラカウア／各務宏（訳） 23〜26
欲望のイメージ 松川八洲雄 26〜27
認識と表現のはざま――ある敗北のノート
粕 三平 28〜33
作品評
「三池のたたかい」 作家は内部と外部の敵を撃て 大沼 鉄郎 34
「エラブの海」 六月斗争の中で考える 山之内重己 35
書評 ルドルフ・アルンハイム、志賀信夫訳
『芸術としての映画』 大島 辰雄 36
現場通信 燃え上ったエネルギーの中から 杉山 正美 36〜38
記録・教育映画ガイド 西武記録映画を見る会 38
編集後記 野 38

第三巻第九号 一九六〇（昭和三五）年九月一日

写真 「喜びのチベット」（中国記録映画） 表紙
時評 「政治参加と作家」についての議論をふかめよう――安保反対闘争の総括とともに 3
黄色いタンカ――事実を見る眼 関根 弘 4〜5
特集 現代のマスコミ
テレビ・ドキュメンタリーとは何か 吉田 直哉 6〜8

ラジオドキュメンタリーへの接近　橋本　洋二　8〜10
テレビ・ドキュメンタリーの現状
　水野　肇　10〜13
新聞における今日　曾木　耕一　13〜16
即時性は野次馬も育てる——テレビ・ラジオ批判　加瀬　昌男　16〜18
第二回世界の実験映画を見る会のお知らせ　18
（＊写真頁）
光を（新世界プロ）／海に築く製鉄所（岩波映画）／ベニスの商人（東京中央人形劇場）／室町時代の文化（記録映画配給社・記録映画社）／グループとリーダー（科学映画社）／わが家に二男三女あり（東映教育映画部）／婚約宣言（奥商会）／黙っていてはいけない（三木映画社）／小さな町の小さな物語（記録映画社）／脳のはたらきと脳波（新世界プロ）／弾丸大将（東映）／チャップリンの独裁者　(19)〜(22)
「生きる」ことからの出発——私の記録映画論
闘いの座標と論理——「青春残酷物語」「ろくでなし」「青い野獣」　恩地日出夫　23〜25
　有井　基　25〜28
政治的前衛にドキュメンタリストの眼を——1960年6月の指導部の思想をめぐって
　松本　俊夫　28〜30・33
『カリガリからヒットラーまで——ドイツ映画の心理的歴史』8
　ジークフリード・クラカウア／各務宏（訳）　31〜33
小特集　ここにある六月
ある敗北　浅野　勲　34〜35
私の中の大衆　平野　克己　35〜36
意志の行動　宮崎　明子　36〜37
デモの中から　西田真佐雄　37
ある敗北論者の告白　清水　幸子　38
ガイド
録映画を見る会九月例会／西武記録映画を見る会九月例会／本誌合本ファイルを買いましょう　38
編集後記　野　38

第三巻第一〇号　一九六〇（昭和三五）年一〇月一日

写真　エチオピアの子どもたち（「世界の地理と風俗シリーズ」東映教育映画部）　表紙
時評　ふたたび政治と作家活動と――あと戻りするな　3
特集　現代の疎外と作家
全機内臓・大衆価格――誰の手にも入ります　和田　勉　4〜5
インサイダードキュメンタリー論　田原　茂行　6〜9
その根をとりのぞけ――1960年6月製作運動について　野田　真吉　10〜13
檻の中の狐　長野　千秋　14〜16
お化け映画・その他――私の記録映画論　中川　信夫　16〜17
作品評　「日本の舞踊」　森谷　巌　18
新作紹介（写真頁）
三池・働くものの心はひとつ（三池現地指導委員会）／あなたは見られている（日経映画社）／海を渡る友情（東映教育映画部）／露路裏の灯（東映教育映画部）／ゴキブリ（読売映画社）／新聞に出た娘（日経映画社）／青果市場（農山漁村文化協会）／モスクワの旅（理研科学映画）／自然のしくみ（桜映画社）／記録に挑むスポーツの科学（桜映画社）／シリコーン（日経映画社）／マッキンレー征服（東映）／武器なき闘い（大東映画・「山宣」映画化実行委員会）／顔のない目（＊フランス・イタリア）　(19)〜(22)
座談会　中国とアフリカで何を見たか――中国・アフリカ・日本の六月　京極高英／岩佐氏寿／富沢幸男　23〜28
特集　「一九六〇年六月」を批判する
真実の記録　尾崎　宏次　29
忘れ得ぬ記録　菅家　陳彦　29〜30
重層的把握の欠如　西本　祥子　30〜31
三つの註文　荒井　浪速　31
高く評価しながらも　矢部　正男　32

今後の映画運動の問題　山口　義夫　32～34
実感的判断と想像　佐野美津男　34～35
『カリガリからヒットラーまで――ドイツ映画の心理的歴史』　9
ジークフリード・クラカウア／各務宏（訳）　36～37
記録・教育映画ガイド
記録映画を見る会十月例会／現代の眼特集記録映画を見る会／自主上映映画祭十月例会／教育映画祭中央大会／西武記録映画を見る会十月例会／記録映画合本ファイルを買いましょう　38
編集後記　38

第三巻第一一号　一九六〇（昭和三五）年一一月一日

写真　「人間の運命」（ソ連・モスフイルム）　表紙
時評　浅沼暗殺事件の意味　3
特集　映画表現の可能性と実験性
顔と集団　花田　清輝　4～5
ショットとは何か　大島　渚　6
意味への挑戦（1）　コンティニュイティの論理　粕　三平　6～10
スクリーンと新しい映像――記録映画の衰弱　黒木　和雄　10～11
映画における色彩の実験的表現とその意味　西本　祥子　12～15
映画照明のリアリズムとドキュメンタリー　田畑　正一　15～17
音と映像のストラッグル　米長　寿　23～25
現代映画の冒険と新人の条件　定村　忠士　25～29
テレビにおける実験性　瀬川　昌昭　28～31
実験映画の役割とその意味　大島　辰雄　31～33
実験映画の役割とその意味（追記）　大島　辰雄　37
作品評　「日本の子どもたち」　佐々木　守　18
新作紹介（写真頁）
不良少年（岩波映画）／プープー（日大映画研究会）／機械工業1．鉄の加工（日経映画社）／現代生活と肝臓（理研科学）／人体生理シリーズ（日映科学）／故郷のたより（東映教育映画部）／構成の練習（新世界プロ）／大和の国のはじまり（記録映画社）／テレビは生きている（シナリオ文芸協会）／ミシン（新世界プロ）／黒潮丸（岩波映画）／人間の運命（ソ連・モスフィルム）／誓いの休暇（ソ連・モスフィルム）／大いなる驀進（東映） ⒆〜⒇
『カリガリからヒットラーまで――ドイツ映画の心理的歴史』10
ジーグフリード・クラカウア／各務宏（訳） 34〜37
作家と読者を結ぶ記録・教育映画ガイド
記録映画を見る会十一月例会／西武記録映画を見る会11月例会／記録映画研究会／神戸映サ協十周年記念映画会／日ソ協会記録映画祭／法政大学大学祭映画会／明治大学大学祭映画会／日本大学芸術学部祭映画会 38
次号予告 38
編集後記 い 38

第三巻第一二号　一九六〇（昭和三五）年一二月一日

写真「地獄舞台の突撃」（ユーゴスラビア） 表紙
時評　物価の値上りとギャランティ 3
特集　映画における抵抗
戦後映画の栄光と悲惨――「物語る」主体の破壊 吉田　喜重 4〜6
残酷をみつめる眼――芸術的否定行為における主体の位置について 松本　俊夫 6〜10
安保ボケの風景――作家の現実意識 花松　正卜 10〜13
政治に徹するイメージ――映画運動の今日的課題を探る 浅井　栄一 14〜15
テレビと映画・その構造――テレビの中の抵抗（1） 高瀬　昭治 16〜17
美学よ去れ――私の記録映画論 石堂　淑朗 23〜25
商品と芸術の間――戦後映画の抵抗 神田　貞三 25〜26
顔面蒼白の騎士――P・R映画について

泰平ムードを破るもの——教育映画・P・R　岩佐　氏寿　27〜29
映画雑感　日高　昭　29〜30
映画と子ども——道徳教育映画というものをめぐって　阿部　進　32〜35
危機認識の視点——教育映画総合振興会議の感想　八幡　省三　36〜37
作家と読者を結ぶ記録・教育映画ガイド
京都記録映画を見る会12月例会／C・A・Cコンテンポラリー・シアタ第一回／西武記録映画を見る会12月例会／世界の名画を見る夕べ／社会教育映画研究会／教育映画作家協会第七回総会／自主上映映画会十二月例会／「日本の夜と霧」再上映促進運動ひろまる／都内四大学映画連盟松竹へ請願文を提出／東京映愛連も再上映決議／再上映促進行動センターを設置／「松川事件」劇映画撮影に入る／三人のアニメーションの会／国立近代美術館古典映画鑑賞会　18
（＊写真頁）
うぐいす笛をふく少年（東映教育映画部）／おじさんありがとう（民芸映画社）／浅沼暗殺（総評勤視連）／土佐風土記（電通映画社）／沈む（日大芸術学部映画科）／人体シリーズ（日映科学）／たのしい科学シリーズ（岩波映画）／裸の島（近代映画協会）／手をつないで（近代映画協会）／若者のすべて（イタリア）／秘境の裸族マンダラ（スイス）　(19)〜(22)
一九六〇年本誌主要目次一覧　37〜38
次号予告　38
編集後記　野田　38

第四巻第一号　一九六一（昭和三六）年一月一日

写真　「その鍵をはずせ！」（芸術映画社）　表紙
時評　新年を迎えて　3
前衛の条件を探る
　絵画・イメージ・現実　池田　龍雄　4〜7
　マヤコフスキーの眼　松川八洲雄　7〜10

偽証のレンズ　康　浩郎　11～12
意味への挑戦Ⅱ　粕　三平　12～14
否定の論理と否定の生理——私の記録映画論　田村　孟　30～31
『カリガリからヒットラーまで——ドイツ映画の心理的歴史』11　ジーグフリード・クラカウア／各務宏（訳）　15～17
次号予告　17
新作紹介（写真頁）
北白川子ども風土記（共同映画社・松本プロ・京都歯車グループ）／海と陸をむすぶ（運輸新聞映画部）／神奈川は招く（神奈川ニュース映画協会）／ふきんの科学（東映教育映画部）／伊勢志摩への招待（岩波映画）／日本の合成ゴム（日映科学映画）／その鍵をはずせ（芸術映画社）／ディーゼル特急（岩波映画）／駐在さん一家（東映教育映画部）／地下鉄のザジ（フランス）／人間の条件（文芸プロダクション・にんじんくらぶ・松竹映画）　(19)～(22)
座談会　映画運動を模索する——観客運動と製作運動の接点を求めて
高倉光夫／山之内重己／野田真吉／桑島達／岩佐氏寿／徳永瑞夫／浅井栄一／坂斉小一郎／大島辰雄　23～29
映画月評第一回　丘をのぼるイメージ——国会のてっぺんに赤旗を　佐野美津男　32～33
記録・教育映画ガイド
記録映画研究会一月例会／西武記録映画を見る会一月例会／高知自主上映の貝一月例会／国立近代美術館一月上映予定／都民劇場映画サークル・文化映画シリーズ／国民文化会議全国集会／「日本の夜と霧」再上映促進で大学映画声明文発表／東京自主上映促進会一月例会／特別試写会　35
自分の作品をこの書に照らし見よ——『ドキュメンタリー映画』の書評によせて　吉見　泰　36～38
編集後記　岩佐　38

第四巻第二号　一九六一（昭和三六）年二月一日

写真　「ゲジゲジ」　表紙
時評　「記録映画作家協会」と改称して　3
動画・ドキュメンタリスト　柾木　恭介　4〜5
政治的前衛と芸術的前衛　竹内　実　6〜9
ホグベン氏とわたし――映画の映像とテレビの映像　藤久　真彦　9〜11
記録映画「西陣」クランク・イン近し　11
テレビドキュメンタリー・一九六一　牛山　純一　12〜13
特集　シナリオ論
記録映画のシナリオの方法――そのヴァイタリティについて　吉見　泰　14〜17
現代の証人――シナリオと現実の間　長野　千秋　17〜19
現実否定のイメージ――ベールの下のドラマあるいは非ユークリッド的シナリオ論序章　野田　真吉　20〜22
『カリガリからヒットラーまで――ドイツ映画の心理的歴史』12　ジーグフリード・クラカウア／各務宏（訳）　23〜27
記録映画作家協会と改称――第七回総会報告　27
教育映画はなぜ陽の目を見ないか　吉村　徳蔵　28〜29
映画月評第二回　汝、如何に生くべきか――バンザイ！　新東宝　佐野美津男　30〜31
アニメーション映画シナリオ　ゲジゲジ　関根弘／真鍋博　32〜37
読者と作家を結ぶ記録・劇映画ガイド
一九六一年労働組合視聴覚研究全国集会／映画観客団体全国会議／日本映画復興会議／西武記録映画を見る会二月例会／実験・前衛・マンガ大会／東京映愛連ミリオン・パール賞
一九六〇年度ベスト・テン決定／都下大学映画連盟ベスト・テン　38
次号予告　38
編集後記　野　田　38

第四巻第三号　一九六一（昭和三六）年三月一日

写真　「1・052」（早大シナリオ研）　表紙
時評　第2回労視研の課題を深め発展させよう　3
特集　現代モダニズム批判
　呪われて死ね！――芸術の前衛とモダニズム　関根　弘　4〜6
芸術運動とモダニズム　大島　渚　7〜9
笑いのモダニズム　定村　忠士　10〜11
レッキとしたオンリーたちへ――現代モダニズム白書　その1　福島　辰夫　12〜14
モダニズムとクリティック　松本　俊夫　15〜17
ドキュメンタリー一般か今日のドキュメンタリーか――佐々木基一氏への手紙　その一　石堂　淑朗　18〜20
テレビ・ドラマの方法　内田　栄一　20〜22
作品評　内部批判者の眼――「ローマの仮橋」　日下野叔子　23〜24
書評
大島渚作品集『日本の夜と霧』　長野　千秋　24
武井昭夫著『芸術運動の未来像』　野田　真吉　25
現代の子どもをえがけ――教育映画・児童劇映画への提言　阿部　進　26〜29
DUMP――映画「一・〇五二」製作レポート　早稲田大学稲門シナリオ研究会　29〜31
アンケート
諏訪淳／宮崎明子／久保田義久／諸橋一／赤佐政治／長野千秋／藤原智子／谷川義雄／持田裕生／豊田敬太／三上章／楠木徳男／山元敏之／杉山正美／康浩郎／岡本昌雄／松本俊夫／諸岡青人／安倍成男／野田真吉／間宮則夫／大島辰雄／飯村隆彦／岩崎太郎／島谷陽一郎／大野孝悦／丸山章治／黒木和雄／近藤才司／松川八洲雄／飯田勢一郎／石田厳／京極高英／小谷田亘／浅野辰雄／平野克己　32〜33
座談会　映画運動1961
　佐々木守／佐藤忠男／野田真吉／山形雄策　34〜41
ドキュメンタリー通信
ドキュメンタリー理論研究会／実験・前衛・

マンガ大会／西武記録映画を見る会三月例会／記録映画を見る会三月例会／第十二回文化映画の会／記録映画「西陣」製作カンパを／神戸映サ第一回映画講座／記録映画研究会三月例会　42
編集後記　野田　42

第四巻第四号　一九六一（昭和三六）年四月一日

写真　「処女の泉」（スウェーデン）　表紙
時評　言論・表現の自由とテロリズムについて　3
特集　日常性とその破壊の論理
わたし大好き　透明な人　わたし大好き………　和田　勉　4～5
日常性の顔　玉井　五一　6～8
レッキとしたオンリーたちへ――現代モダニズム白書2　福島　辰夫　9～11
日常喪失の動物学的現象について　東　陽一　12～14
ことばの生体と死体――「批評」における日常性の破壊　石子　順造　14～17
読者の投稿を歓迎します　17
アンドレ・カイヤットへの手紙1　小川　徹　18～19
意識変革の論理――テレビ・ドキュメンタリー「日本1960」を中心に　岡本　愛彦　20～22
自作をドキュメントする1　「ルポルタージュ・炎」をめぐって　黒木　和雄　23～24
協作者からの発言1　それは誰のために作られるか――自主作品とPR映画の問題　田畑　正一　25～27
映画月評第三回　挑発者の論理――自ら放火しなければ革命の火は燃えたたぬ　佐野美津男　28～29
運動バカは今日も集まる――国民文化会議・映愛連・労視連　長野　千秋　30～31
ドキュメンタリー理論研究会三月例会報告　31
連載講座ドキュメンタリー映画の作り方1　シナリオ論（1）　吉見　泰　32～34
ドキュメンタリーからフィクションへ――若きフランス映画の軌跡
アンドレ・S・ラバルト／大島辰雄（編訳）　35～39

短篇時評　「蜂の生活」　丸山　章治　40
劇映画時評　「松川事件」　山之内重己　41
ドキュメンタリー通信
ドキュメンタリー理論研究会／世界実験マンガ映画大会／西武記録映画を見る会四月例会／PR映画センター四月番組／国立近代美術館ライブラリー／京都記録映画を見る会四月例会／記録映画「西陣」製作カンパと完成試写会のお願い／記録映画研究会四月例会　42
編集後記　野　田　42

第四巻第五号　一九六一（昭和三六）年五月一日

写真　「顔役暁に死す」（東宝）　表紙
時評　人間衛星船とアイヒマン裁判　3
特集　現代のリアリズム
無稽のスキャンダリスト・南北（1）　真鍋　呉夫　4〜5
縮図論の崩壊　江藤　文夫　6〜8
新・国定忠治論　佐野美津男　8〜10
芸術的前衛作家の条件　朝倉　摂　11〜13
ウルトラデモクラットの陳述　その1　花松　正ト　14〜17
リアリズムにおける偶然と必然　　藤原　智子　18〜19
六月号予告　三周年記念号　10
アンドレ・カイヤットへの手紙2　小川　徹　20〜23
自作をドキュメントする2　記録映画「その鍵をはずせ――ある精神病院の記録」を演出して　田中　徹　24〜25
ラジオ・テレビの方法論4　マイクドキュメンタリーの可能性　渡辺　広士　26〜28
アジア・アフリカ作家会議の横顔　厚木　たか　29
連載講座ドキュメンタリー映画の作り方2　シナリオ論（2）　吉見　泰　30〜32
新刊書紹介
阿部進著『現代子ども気質』／福田和彦著『映画とエロティシズム』　33
海外映画事情2（ソヴエト）　生きた人間への愛情について

ヂガ・ヴェルトフ／土方敬太（訳） 34～37
短編映画時評 「人類の敵」 苗田 康夫 38
劇映画時評 解釈「処女の泉」――いささか独断的な 松川八洲雄 39
ドキュメンタリー通信
ドキュメンタリー理論研究会五月例会／第四回毎日産業教育映画教室／PR映画センター五月番組／都民劇場映画サークル定期観賞会／新作教育映画試写会五月例会／自主上映五月例会／京都記録映画を見る会四、五月例会／西武記録映画を見る会五月例会／国立近代美術館ライブラリー／チエコスロバキア建国記念週間／長篇記録映画「汝多くの戦友たち」全国自主上映プラン／記録映画「西陣」製作カンパと完成試写会のお願い／記録映画研究会五月例会／記録映画ライブラリー／世界を激動させた記録映画大会・予告 40～41
理論研究会四月例会の報告 S 40～41
サロン 「西陣」の歴史／国際映画祭の話 42
編集後記 42

第四巻第六号 一九六一（昭和三六）年六月一日

写真 「西陣」 表紙
表紙装幀 粟津 潔 表紙
六月のことば
ポール・エリュアール／江原順、康敏星（訳） 3
特集 現代のエモーション
情念論の再建 中村雄二郎 4～5
スリルの社会的効用について――あるいは偽強姦論 渋沢 龍彦 6～8
黒いしずかな笑い 池田 龍雄 9～11
驚き 山口 勝弘 12～15
憎悪 吉田 喜重 16～17
老人と胎児――恐怖の現代的な意味 寺山 修司 18～19
不安 松川八洲雄 20～22
痛み――無感覚と痛撃 西江 孝之 22～26
エロティシズム――現代的快楽主義者の相 田島 浩 27～29

読者の御意見御感想を募集します　編集部　17
七月号予告　26
芸術における今日的課題は何か──安保闘争後一年を経過して　広田広　30〜33
アンドレ・カイヤットへの手紙3　小川徹　34〜38
自作をドキュメントする3　撮影余談──犬と寄生虫の話　杉山正美　38〜39
新人シナリオ・エッセイ・コンクール作品募集　記録映画作家協会　40
連載講座ドキュメンタリー映画の作り方3　演出論（1）　西尾善介　42〜44
短編映画時評　ナショナルのPR映画「電子の技術」　大島正明　46
劇映画時評　「日曜には埋葬しない」「日曜はダメよ」について　山之内重己　47
映画メモⅠ・Ⅱ　46〜47
ドキュメンタリー通信
ドキュメンタリー理論研究会六月例会／社会教育映画研究会六月番組／記録映画研究会六月例会／西武記録映画を見る会六月例会／PR映画センター六月番組／「汝、多くの戦友たち」全国自主上映プラン／新作教育映画試写会六月例会／自主上映六月例会／京都記録映画を見る会六月例会／フランス回顧映画祭／世界山岳映画の夕べ／記録映画ライブラリー／一九六〇年度日本映画監督新人協会賞／劇団新演〝日本の夜と霧〟五幕六・一五記念公演／「六・一五」一周年記念集会／作家個展シリーズNo.1〝野田真吉〟作品集　48〜49
記録映画「西陣」完成試写会　48
世界を激動させた記録映画大会　49
ドキュメンタリー理論研究会五月例会報告　50
記録映画研究会五月例会報告　50
編集後記　50

第四巻第七号　一九六一（昭和三六）年七月一日

写真　東松照明　表紙
表紙装幀　粟津潔　表紙
七月のことば　J・P・サルトル　3

特集　ニュース映画とドキュメンタリー
ニュース映画とドキュメンタリー　佐々木基一　4〜5
アックとドックは何処にいる?——ニュース
映画の本質にふれて　小笠原基生　6〜8
いつわりの系統ニュース映画　山田　宗睦　9〜11
テレビ・ニュースとドキュメンタリー映画
佐藤　昭　12〜13
ニュース・記録性・現在性——「変革のヴィ
ジョン」をめぐって　大島　辰雄　14〜17
八月号予告　13
座談会　当世助監督気質——明後日の人たちは
語る
京極高英／飯村隆彦／清水幸子／佐々木守／
康浩郎　18〜24
新人シナリオ・エッセイ　コンクール作品募集　24
学生映画の姿勢——「0の視点」を製作して思
うこと考えること　青木　敏　25
敵の姿を知らせるな!——「西陣」が完成して
プロデューサーとのインタービュー
浅井／田島浩　26〜27
西陣のこと　松田　道雄　27
自作をドキュメントする4　余り科学的でない
話——科学的技術映画「潤滑油」演出後記
竹内　信次　28〜29
協作者の発言2　音楽の演出　武満　徹　30〜31
今月のCM界の話題　島谷陽一郎　30〜31
連載講座ドキュメンタリー映画の作り方4　演
出論（2）　西尾　善介　32〜34
記録映画「西陣」の批評を募集します　編　集　部　34
海外映画事情3　記録映画の任務その他について
ヨリス・イヴェンス／久松公（訳）　35〜37
短編映画時評　東映児童劇映画「津波っ子」　長野　千秋　38
劇映画時評　「熱風」を中心に　森谷　巌　39
アントラクトI・II　38〜39
ドキュメンタリー通信
ドキュメンタリー理論研究会七月例会／記録
映画研究会七月例会／西武記録映画を見る会

七月例会／自主上映七月例会／新作教育映画試写会七月例会／劇映画「裸の島」上映促進会お知らせ／第二回モスクワ国際映画祭のお知らせ／記録映画ライブラリー／PR映画センター七月番組／七月よい映画の試写会〝山に挑む〟／記録映画を見る会例会／作家個展シリーズNo.1野田真吉作品集／作家個展シリーズNo.2和田勉作品集／テレビ映画七月予定番組／詩人とショウの大結婚式　40〜41
ドキュメンタリー理論研究会報告　T　40
第二回記録映画「西陣」特別試写会のお知らせ　41
編集後記　42

第四巻第八号　一九六一（昭和三六）年八月一日

写真　東松　照明　表紙
表紙装幀　粟津　潔　表紙
八月のことば　空席　ジャン・タルデュウ　3
画　池田　龍雄　3
特集　私の方法論
映画における方法論　森本　和夫　4〜7
シナリオ作戦　白坂依志夫　7〜9・17
自分の「王」の近所　飯島　耕一　10〜11
あわてる乞食はもらいがすくないことについて――ぼくの方法についてのノート　福田　善之　12〜13
ドラマの亡霊　石島　晴夫　14〜17
つなぎ目に生れるヴィジョン　京極　高英　18〜19
いかに裏切るか　大沼　鉄郎　19〜21
孤立している――『記録映画』6月号への意見（投稿）　田畑　正　22〜23
日本発見シリーズ・序　岩波映画と「日本発見」――PRの会社でつくるテレビ・ドキュメンタリー　吉原　順平　24〜25
企業訪問1　全農映の巻　長野　千秋　26〜27
今月のCM界の話題　日本のコマーシャル界の地盤　島谷陽一郎　28
映画詩「西陣」の御感想をおよせ下さい　編集部　28
書評　疑いと否定の態度はどこに――講座『現

代芸術』　高橋　秀昌　29
誌代値上についてのお願い
記録映画作家協会運営委員会／『記録映画』編集委員会　29
海外映画事情4　（メキシコ）「アンダルシアの犬」から「ナサリン」まで——ブニュエルの永久反抗
エミリオ・ガルシア・リエラ／徳永瑞夫(訳)　30〜34
ルイス・ブニュエル監督の全作品目録　30〜34
ひとつの意見
ルイス・ブニュエル／徳永瑞夫（訳）　34
エッセイ　疑問　高林　陽一　35
フランス無声映画祭から　参加する観衆——フィルム・ダバンギャルド　渡辺　正己　36〜37
劇団民芸「火山灰地」公演に劇団活動は着々進む！／劇団民芸公演久保栄記念　37
短編映画時評　「牛の病気」「母と娘」他
岩堀喜久男　38
劇映画時評　映画に現れた戦争　山之内重己　39
ドキュメンタリー通信
ドキュメンタリー理論研究会八月例会／記録映画研究会八月例会／全国視聴覚教育研究大会／一九六一年教育映画祭参加要領決る／西武記録映画を見る会八月例会／新作教育映画試写会八月例会／日比谷図書館フィルムライブラリー八月番組／PR映画センター八月番組／記録映画ライブラリー／都民劇場映画サークル／各種映画祭入賞作品紹介／芸術関係単行本の紹介と斡旋／作家個展シリーズNo.3羽仁進作品集／記録映画「西陣」試写会／記録映画「汝多くの戦友たち」八月上映決定のお知らせ　40〜41
新人シナリオ・エッセイ・コンクール作品募集　42
編集後記　42
次号予告　42

第四巻第九号　一九六一（昭和三六）年九月一日

写真　東松　照明　表紙
表紙装幀　粟津　潔　表紙

九月のことば　魯迅　3
特集　ドキュメンタリーの現代的視座Ⅰ――評論
疎外の記録　野田真吉　4〜7
科学映画の周辺　渡辺正己　7〜10
教育映画からドキュメンタリーへ　谷川義雄　10〜11
研究会のお知らせ　編集部　10
特集　ドキュメンタリーの現代的視座Ⅱ――作品「西陣」をめぐって
ドキュメンタリーを越える面白さ　岡田晋　12〜13
不連続の衝撃――「西陣」にことよせて　吉見泰　13〜15
思考を強いる「西陣」　野村修　15
批評家と作家のあいだ　小沢敏夫　16
映画「西陣」見たまま雑考　山下菊二　17〜18
二つの触角の挫折　篠原央憲　18〜19
俺はおまえに火事場のまとい　ふられながらももえあがる　河内紀　19〜20
「西陣」の感想　石子順造　20〜21
「西陣」への一つの提言　大島辰雄　21
あなたはどこで「西陣」を知ったのか　15
草月シネマテーク第二回　21
読者の方々へ　編集部　21
縮図論の崩壊（2）　江藤文夫　22〜24
次号予告　23
書評
多難ご難の世界――『視聴覚教育白書』　加藤松三郎　25
花田清輝、武井昭夫著『新劇評判記』　長野千秋　36
市川崑、和田夏十著『成城町271番地』　吉田喜重　36
『伊丹万作全集』　丸山章治　37
沖縄ルポルタージュ　守礼の門　堀賢次　26〜29
ドキュメンタリー理論研究会報告　T　29
海外映画事情4（メキシコ）「アンダルシアの犬」から「ナサリン」まで――ブニュエルの永久反抗
エミリオ・ガルシア・リエラ／徳永瑞夫(訳)　30〜34

ルイス・ブニュエル監督全作品目録　追加と訂正　34
アントラクト　35
短編映画時評　16mm新作試写会から　秦　康夫　38
劇映画時評「狂った年輪」　間宮　則夫　39
ドキュメンタリー通信
ドキュメンタリー理論研究会九月例会／記録映画研究会九月例会／一九六一年教育映画祭（予告）／西武記録映画を見る会九月例会／新作教育映画試写会九月例会／国際映画祭発表／日比谷図書館フィルムライブラリー九月番組／都民劇場映画サークル第四回九月定期映画会／PR映画センター九月番組／記録映画ライブラリー／芸術関係単行本の紹介と斡旋／世界実験ドキュメンタリー映画会　40～41
新人シナリオ・エッセイ・コンクール作品募集　42
編集後記　42

第四巻第一〇号　一九六一（昭和三六）年一〇月一日

写真　東松　照明　表紙
表紙装幀　粟津　潔　表紙
10月のことば　ランボオ　3
特集　映画と思想
きんちゃくときんちゃく切り　花田　清輝　4～6
どうしたらキツネがつくか――テーマと作家思想　丸山　章治　7～9
演出と思想――現状報告　黒木　和雄　10～11
モンタージュと思想　長野　千秋　12～14
シナリオと思想　厚木　たか　16～17
映像――光と影と色彩と　成島東一郎　17～19
11月号予告　9
ドキュメンタリー理論研究会から　W　14～15
アラン・レネエ作品「夜と霧」コメンタリー　ジャン・ケイロル／大島辰雄（訳）　20～23・39
日本発見シリーズ1・京都　京都府の中の一つの場所　神馬亥佐雄　24～26

チェコスロバキアの記録映画「夜の町」とシェフランカ監督のこと　柿原　黎子　26
コンクールがせまっています　編　集　部　26
連載講座ドキュメンタリー映画の作り方　シナリオと演出のあいだ1　岩佐　氏寿　27〜31
世界実験ドキュメンタリー映画会――第四回実験映画を見る会　29
書評　吉見泰、岩佐氏寿、記録映画作家協会編『記録映画の技術』　山之内重己　30〜31
海外映画事情6（チェコスロバキア）　先づ観たのちに――チェコスロバキアの児童映画祭　ヤン・ホルジェイシュ／厚木たか（訳）　32〜33
CM界の話題　潜在意識にうったえるコマーシャル　島谷陽一郎　34〜35
アントラクト　35
映画紹介　「鳩」と「独裁者」と「大戦争」　大島　辰雄　36〜37
短編映画時評　PR映画作家の不在　田島　浩　37〜38
劇映画時評　映画の死せる季節　梶　勲　38〜39
ドキュメンタリー通信
ドキュメンタリー理論研究会十月例会／新作及国際短編試写会／記録映画研究会十月例会／一九六一年教育映画祭／西武記録映画を見る会十月例会／新作教育映画試写会十月例会／アマチュア映画祭発表／日比谷図書館フィルムライブラリー十月番組／都民劇場映画サークル第五回定期公演外国名画祭／PR映画センター十月番組／中国映画祭（予告）／記録映画ライブラリー／記録映画「西陣」自主上映計画すすむ／世界実験ドキュメンタリー映画会／記録映画「夜と霧」上映委員会結成さる！　40〜41
新人シナリオ・エッセイ　コンクール作品募集　42
編集後記　42

第四巻第一一号　一九六一（昭和三六）年一一月一日

写真　東松　照明　表紙
表紙装幀　粟津　潔　表紙

11月のことば　小さな淀み　F. G. Lorca　3
芸術とディスコミュニケーション　吉本　隆明　4〜5
特集　記録映画作家研究——作家の発言と作家論
1　自作を思う　京極　高英　7〜8
永久振子——京極高英論の1　大沼　鉄郎　9〜10
2　私の場合　羽仁　進　11
戦術家・羽仁進　浅井　栄一　12〜13
3　自作を追って　竹内　信次　14
竹内信次の呪術　松川八洲雄　15〜16
4　多情で多重な吉見泰　吉見　泰　17〜18
吉見泰の横顔　杉山　正美　19〜20
5　荊の道に抗して——自作を語る　松本　俊夫　21〜24
松本俊夫を語る　佐野美津男　24〜25
12月号予告　20
アラン・レネエ、ロベール・エッサンス作品
「ゲルニカ」
ポオル・エリュアール／大島辰雄（訳）　26〜27
劇映画時評　10月の映画　梶　勲　28
短編映画時評　イメージのデパート
海外映画事情7（ポーランド）　ポーランド映画の新しい傾向　長野　千秋　29
イェジー・テープリッツ／康敏星（訳）　30〜33
企業訪問　三年目の現実——日経映画社　苗田　康夫　33〜35
CM界の話題　最近のアニメーション——CMフィルムについての考察　島谷陽一郎　36〜38
ドキュメンタリー通信　39〜41
新人シナリオ・エッセイ　コンクール作品募集　42
編集後記　野　田　42
写真　「飼育」より　3・6・24

第四巻第一二号　一九六一（昭和三六）年一二月一日

写真　東松　照明　表紙
表紙装幀　粟津　潔　表紙
12月のことば　A・ランボオ　3
写真　アラン・レネ「去年マリエンバッドで」　3
二つのかがり火の間の感想——大島渚「飼育」

について　小林祥一郎　4〜6
特集　一九六一年の記録映画界
座談会　一九六一年をかえりみて――記録映画教育映画界の動向
加納竜一／栗山富郎／富沢幸男／野田真吉　7〜11
教育映画製作の実態から――八ミリ映画の抬頭と現場　宮永次雄／望月武夫　12〜14
記録映画の劇場上映　村尾　薫　15〜17
次号予告　11
記録映画作家研究6　故太田仁吉
太田仁吉さんと私　鈴木喜代治　17〜18
太田さんについての思い出　奥山大三郎　19
教育映画祭作品評
社会教育映画評　真面目に考えよ　高林　陽一　20〜21
学校教育映画評　教育はコミュニケーションである――学校教育映画雑感　岩佐　寿弥　21〜23
産業教育映画評　産業教育映画の位置　物江　竜慶　24〜25
国際短編映画評　キツネつきとタヌキばやし――国際短編映画祭ノート　大島　辰雄　25〜27
連載講座ドキュメンタリー映画の作り方　シナリオと演出のあいだ2　岩佐　氏寿　28〜30
頽廃へのメス――第六回全日本学生映画祭から　西江　孝之　31〜32
お知らせ（＊協会事務所移転）　32
海外映画事情8（ポーランド）　ポーランド映画の新しい傾向（下）
イェジー・テープリッツ／康敏星（訳）　33〜35
予告　第五回「実験映画を見る会」一九六二年二月中旬開催　35
作品評　「夜と霧」（アラン・レネ作品）　木村　晃　36
企業訪問　「百万人の陽気な女房」たちから「鉤虫」へ――桜映画社　西本　祥子　37〜38
新映画「戦場」　38
書評　ファルス誕生――佐野美津男著『浮浪児の栄光』　石堂　淑朗　39
ドキュメンタリー通信　40〜41
新人シナリオ・エッセイ　コンクール作品募集　42

編集後記　N　42

第五巻第一号　一九六二（昭和三七）年一月一日

写真　東松　照明　表紙
表紙装幀　粟津　潔　表紙
海と洋服（詩）　関根　弘　3
写真　真鍋博「シネ・バラード　作品その1」から　3
特集　私の記録映画論――各界からの苦言と提言
1　「何もかも見た」と「何も見なかった」の間　「夜と霧」と「二十四時間の情事」　野間　宏　4〜6
2　記録映画のための断片　寺山　修司　6〜7
3　横すべり映画論　吉井　忠　8〜10
4　一度目も喜劇、二度目も喜劇　林　光　10〜11
5　ドキュメンタルということについて――ドラマをめぐっての断片　竹内　敏晴　12〜14
6　作家の構造　山際　永三　14〜16
7　処世術を改めない者は破滅する――君主論・第二十五から　和田　勉　16〜18
8　素朴な発言　白坂依志夫　18〜20
9　ジャーナリストの眼――記録映画の可能性　佐藤　忠男　20〜22
10　科学映画の今日的課題　小倉　真美　22〜23
11　前衛エリートの大衆疎外――記録映画運動の大衆的現実について　木崎敬一郎　24〜26
12　一にも二にも、まず上映　浅野　翼　27〜29
13　視聴覚運動の発展のために　高垣礼二郎　29〜30
第6回実験映画を見る会　30
「連帯」と拍手――東京における中国映画祭　竹内　実　31〜34
次号予告　33
連載　映画サークル運動の十年1　山之内重己　37〜39
ドキュメンタリー通信　40〜41
『記録映画』読者新春映画会　42
編集後記　N　42

第五巻第二号　一九六二（昭和三七）年二月一日
写真　東松　照明　表紙
表紙装幀　粟津　潔　表紙
要求（＊詩）　谷川俊太郎　3
特集　芸術的前衛のヴィジョン
反「芸術運動」を　谷川　雁　4〜6
島倉千代子論　佐々木　守　7〜9
偶然主義者の手紙——ある実験の報告　池田　龍雄　10〜12
イメージの対決——方法と記録についての覚書敵試論　野田　真吉　13〜15
孤独と連帯　福本　安彦　16〜19
大衆という名の物神について　松本　俊夫　19〜23
作家の創造的課題
デオ・レズワルシュ／長沼宗裕（訳）　24〜25
完成した二本の映画——「西陣」をめぐる諸問題　浅井　栄一　26〜29
第六回世界の実験映画をみる会　編集部　15
書こう！　編集部　25
作家研究6　丸山章治
丸山章治と私　加納　竜一　30〜31
自作を語る——説明と表現　丸山　章治　31〜33
自主作品の動き　山　33
新しい色彩絶対映画論——色彩の平均率的な調律をめざして　広木　正幹　34〜35
シナリオ・エッセイコンクール第一次審査発表　35
第八回定例総会報告　長野／山之内　36
連載　映画サークル運動の十年2　山之内重己　37〜39
ドキュメンタリー理論研究会一月例会報告　根本　治郎　39
ドキュメンタリー通信　40〜41
編集手帖　M　42
原稿公募規定　42
第五巻第三号　一九六二（昭和三七）年三月一日
写真　東松　照明　表紙
表紙装幀　粟津　潔　表紙

仕事（詩）　吉野　弘　3
政治と芸術・ひとつの視点――「革命運動の革命的批判」の問題　針生　一郎　4〜7
第一回新人シナリオ・エッセイ　コンクール最終発表　8
座談会（審査経過）　シナリオの部
真鍋博／長谷川龍生／吉見泰／岩佐氏寿／野田真吉／京極高英　8〜12
感想　黒木　和雄　10
座談会（審査経過）　エッセイの部
丸山章治／羽仁進／柾木恭介　13〜15
短評　大島　渚　14
第一回シナリオコンクール佳作入選作
鼻（記録映画）　伊藤　俊也　16〜19
黒い影の少女（社会教育映画）　阿相　謙二　20〜23
4月号予告　12
原稿公募規定　19
特集　新人の条件
新人の条件　丸山　章治　24〜25
旧人の条件　大沼　鉄郎　26〜28
妖怪がきて呟く　西江　孝之　29〜32
匿名の新人　飯村　隆彦　33〜34
ドキュメンタリー理論研究会二月例会報告　佐野美津男　32
映画サークル運動の十年3　山之内重己　35〜37
海外映画事情9（ポーランド）　東欧の動画作家たち（1）　岩淵　正嘉　38〜39
ドキュメンタリー通信　40〜41
編集手帖　C・U　42

第五巻第四号　一九六二（昭和三七）年四月一日

写真　東松　照明　表紙
表紙装幀　粟津　潔　表紙
M・Tに（詩）　茨木のり子　(3)
特集　発見と創造
新選組とハチ公　柾木　恭介　4〜6
未知なるものをみつめる眼　小林　勝　7〜9
空間について　岩佐　氏寿　10〜13
科学への接近　吉見　泰　14〜18

創造の現場の中から　荒井　英郎　19〜20
僕のキャメラ・アイ　楠木　徳男　21〜23
発見と創造についての覚え書　松川八洲雄　24〜26
出日本記——その難解な原本の一つの単純な訳解　平野　克己　26〜28
テーマ・PR映画の実験——記録映画研究会レポート　池田　元嘉　13
ドキュメンタリー理論研究会三月例会報告　片山　茂樹　18
原稿公募規定　20
5月号予告　23
しなびた転向の季節に——北九州労働者手をにぎる家の建設　山口　健二　29〜31
学生映研の課題——映画批評運動に関する試論　根本　治郎　32〜33
企業訪問　三つのイメージの崩壊——岩波映画製作所　松尾　一郎　34〜35
アートシアターへの提言　Y　35
海外映画事情10（東ヨーロッパ）東欧の動画
作家たち（2）　岩淵　正嘉　36〜38
自主上映と批評活動の間——第七回映画観客団体全国会議報告　山之内重己　39
ドキュメンタリー通信　40〜41
編集手帖　M　42

第五巻第五号　一九六二（昭和三七）年五月一日

写真　東松　照明　表紙
表紙装幀　粟津　潔　表紙
朝の歌（詩）　黒田　喜夫　(3)
特集　大衆論
クラウディア・カルディナーレ——大衆の顔　関根　弘　4〜6
「大衆」の顔と「大衆」との通路　竹内　実　7〜9
みなさん　コンニチワ　江藤　文夫　10〜12
エネルギーは今どうなっているか？——創価学会ルポ　山際　永三　13〜15
大衆・通底器　康　浩郎　16〜17
芸術の前衛に於ける大衆不在　木崎敬一郎　18〜21

原稿公募規定　19
次号予告　21
作家研究7　西尾善介
作家西尾善介氏の功罪　三上　章　22〜23
自作を語る——作品に於ける自己の発見　西尾　善介　23〜27
学生映研の課題　自主映画「ゼロの視点」製作の姿勢　大野　進　28〜29
ある大衆の記録——テレビ・ドキュメンタリー制作ノートより（1）　粕　三平　30〜34
映画会のお知らせ　34
連載　映画サークル運動の十年4　山之内重己　35〜37
ドキュメンタリー理論研究会四月例会報告　大沼　鉄郎　37
評論応募原稿　批評の批評は両刃の剣　塩見鮮一郎　38〜39
ドキュメンタリー通信　40〜41
編集手帖　NOSA　42

第五巻第六号　一九六二（昭和三七）年六月一日

写真　東松　照明　表紙
表紙装幀　粟津　潔　表紙
昆虫記（詩）　寺山　修司　3
特集　映画・インターナショナル
マリエンバートという城——いわゆる意識のドラマと映画的思考の問題によせて　大島　辰雄　4〜8
灰の代償——Actionの論理　寺山　修司　8〜10
欲望——その開示　佐藤　重臣　11〜13
無について　黒木　和雄　14〜15
井川澄江論　佐々木　守　16〜19
夢——その否定性を契機として　高瀬　昭治　20〜22
第七回芸術映画をみる会　10
ドキュメンタリー理論研究会五月例会報告　佐藤　巍　22
記録映画研究会四月例会報告　平野　克己　23
座談会　PR映画と我々の創造的課題——現代

映画の外から見た
大沼鉄郎／松尾一郎／楠木徳男／杉山正美／
黒木和雄／西本祥子／藤原智子　24〜30
ある大衆の記録——テレビ・ドキュメンタリー
制作ノートより（2）　粕　三平　32〜35
映画時評　「尼僧ヨアンナ」をめぐって
大沼　鉄郎　36〜37
原稿募集　37
連載　映画サークル運動の十年5　山之内重己　38〜40
ドキュメンタリー通信　41
編集手帖　N　42

第五巻第七号　一九六二（昭和三七）年七月一日

写真　東松　照明　表紙
表紙装幀　粟津　潔　表紙
夜おそく、女が……（詩）　岩田　宏　3
特集　アニメーション
アニメーション映画の可能性　中原　佑介　4〜6
世界のアニメーションの動向　長井　泰治　7〜11
アニメーションの現状と将来への展望
柳原　良平　12〜13
動画映画の笑い——マクラレンの技法　岡本　昌雄　14〜17
人形について——私の過去から現在に至る考察
杉原　せつ　18〜19
CMアニメーション制作の場から
庵原　和夫　20〜21
アニメーション・シネ・ポエム　LINES
OF LINES　谷川俊太郎／真鍋博　22〜25
アニメーション映画シナリオ　新竹取物語
関根弘／九里洋二　26〜35
企業訪問　笑惜記——東映動画　権藤　貞治　34〜35
「オルフェの遺言」の余白に　谷口　正元　36〜37
映画時評　大沼　鉄郎　38〜39
ドキュメンタリー通信　40〜41
編集手帖　N　42
原稿公募規定　42

第五巻第八号　一九六二（昭和三七）年八月一日

写真　東松　照明　表紙
表紙装幀　粟津　潔　表紙
夕暮れの唄（詩）　山本　太郎　3
シナリオ特集
実験映画シナリオ　「アンダルシアの犬」　ルイス・ブニュエル／サルバドール・ダリ／内田岐三雄（訳）　4〜7
記録映画コンテ　「夜行郵便」　ハリー・ワット／長田和雄（訳）　8〜9
PR映画シナリオ　「ナイロンの幻想」（仮題）　松本　俊夫　10〜14
PR映画シナリオ　「神奈川」　清水　邦夫　16〜19
科学映画シナリオ　「マリン・スノー」　吉見　泰　20〜25
TVドラマ　「おかあさん」　大島　渚　26〜35
直接購読のおすすめ　7
フランス映画の回顧上映にあたって　斉藤　宗武　15
次号予告　25
映画時評　「2ペンスの希望」　朝倉　摂　35
ドキュメンタリー通信　36〜37
編集手帖　38

第五巻第九号　一九六二（昭和三七）年九月一日

写真　東松　照明　表紙
表紙装幀　粟津　潔　表紙
物干鋏（詩）　石川　逸子　3
特集　テレビ・ドキュメンタリー
個性の不在――テレビ・ドキュメンタリー　黒木　和雄　4〜5
創造の条件――テレビドキュメンタリーをめぐって　山際　永三　6〜8
テレビ・ドキュメンタリーにおける角膜移植論　長野　千秋　9〜11
テレビドキュメンタリーに新しい批評と理論の構築を　渡辺　泰雄　12〜13

表現の自由と製作条件と――岩波映画「地理テレビ問題」を中心にして　林　吾郎　14～17
各社テレビ・ドキュメンタリー番組一覧　編集部　18
記録映画研究会報告1――PR映画　持田　裕生　11
シナリオ
PR映画シナリオ　「わが愛北海道」　黒木　和雄　19～25
社会教育映画シナリオ　「黙っていてはいけない」　丸山章治／古川良範　26～29・35
アントニオーニまたは敗北の方法　篠遠　允彦　30～31
映画時評　旅立ちと土着――「かながわ」「わが愛北海道」　大沼　鉄郎　32～33
書評　佐藤忠男著『斬られ方の美学』　佐々木　守　34～35
記録映画研究会報告2――科学映画　杉原　せつ　35
ドキュメンタリー通信　36～37
編集手帖　M　38

第五巻第一〇号　一九六二（昭和三七）年一一月一日

写真　東松　照明　表紙
表紙装幀　粟津　潔　表紙
鳥の殺陣（詩）　長谷川龍生　3
特集　映画状況の現在
大衆的思想劇の創造　武井　昭夫　4～8
運動の終結　佐々木　守　9～11
一九六二年の「私」――PR映画をどうとらえるか　間宮　則夫　12～14
肉を切らせて骨を切れ――あなたの中のA君に宛てて　松本　俊夫　14～17
作家研究8　伊東寿恵男
自作を語る　伊東寿恵男　18～20
伊東寿恵男論ノート　野田　真吉　20～24
記録映画研究会報告　根本　治郎　25
ドキュメンタリー理論研究報告　苗田　康夫　25
欄外注記――日仏交換映画祭と国際短編映画祭　大島　辰雄　26～28

特集　映画状況とその展望
きみたちの失敗……——日本映画一九六二年の状況と行動　小川　徹　4〜7
蛇のように身をくねらせて目標に迫ろう——映画芸術運動の方向とプログラム私見　野田　真吉　8〜12
「貧困」と貧困　大沼　鉄郎　13〜15
ぼくらの立っている所　黒木　和雄　16〜17
ロカビリー死刑——その罪状と救済　西江　孝之　18〜21
テレビドラマ序論　新しい主題の形成　根本　治郎　22〜23
対談　反体制映画運動の現状と矛盾　富沢幸男／徳永瑞夫　24〜27
「裸の島」の自主配給から「人間」の自主興行まで　能登　節雄　27〜29
劇映画時評　「怒りの葡萄」「人間」　楠木　徳男　30〜32
PR映画時評　「私はナイロン」「一粒の麦」　藤原　智子　32〜33
映画評
ルンドへの道——「野いちご」　須川　栄三　29
学校とカンケイない子ら——「手をつなぐ子ら」　阿部　進　30〜31
書評
グイド・アリスタルコ著『映画理論史』　花松　正ト　32〜33
中原佑介著『ナンセンスの美学』　柾木　恭介　34
映画サークル運動の十年6　山之内重己　35〜37
おことわり　丸山　章治　37
次号予告　37
ドキュメンタリー通信　38〜39
編集手帖　M　40
第五巻第一一号　一九六二（昭和三七）年一一月一日
写真　東松　照明　表紙
表紙装幀　粟津　潔　表紙
手（詩）　菅原　克己　3

映画サークル運動の十年7　山之内重己　34〜36
ドキュメンタリー通信　37
編集手帖　N　38

第六巻第一号　一九六三（昭和三八）年一月一日

表紙デザイン　粟津　潔　表紙
座談会　われわれは何に固執すべきか——映画作家の今日的立脚点
大島渚／佐々木守／田村孟／森川英太朗　4〜12
特集　PR映画の可能性
ある手紙と日記による反省　山口　勝弘　14〜15
広告的建築のためのアドバータイジング　磯崎　新　16〜19
PR映画に出口があるか　苗田　康夫　20〜23
視標　楠木　徳男　24〜26
座談会　PR映画の問題点
徳永瑞夫／谷川俊太郎／東松照明／西本祥子／城戸昌夫／東陽一／大島辰雄　28〜34
読者のみなさまへ　わ　19

テレビドラマ論2　茶の間の温度を変えるものは何か　根本　治郎　35〜36
ドキュメンタリー通信　37
編集手帖　N　38

第六巻第二号　一九六三（昭和三八）年二月一日

表紙デザイン　粟津　潔　表紙
特集　ドキュメンタリーと〝発想〟
ドキュラマ論——DOCUMENTARYの発想学　寺山　修司　4〜6
アイデアとイメージ　大川　信明　7〜10
非音楽の音楽——映画音楽と発想　湯浅　譲二　10〜11
定着させるべきものの萌芽　高林　陽一　12〜14
思いついたら命がけ　平野　克己　14〜16
書評　『現代革命へのアプローチ』　櫛野　義明　17
オレハ映画ノコトヲ話シテイルノダ——市川崑・松本俊夫・その他　東　陽一　18〜21

テレビドラマ論3　「観念ドラマ」の超克　根本　治郎　22〜23
エネルギーの実在と作家の不在――短編映画「白鳥事件」　間宮　則夫　24〜25
次号予告　25
白い一点をつきぬける抵抗力を――西部記録映画をみる会一月例会「シリコーン」「長さのスタンダード」　持田　裕生　26〜27
わんぱくとボタンのカンケイ――長編映画「わんぱく戦争」　大島　辰雄　27〜28
子どもに武器を――長編映画「わんぱく戦争」　阿部　進　29〜30
映画ブラウン運動論
映画サークル運動の十年8　松川八洲雄　31〜33
ドキュメンタリー通信　山之内重己　34〜36
編集手帖　37
N　38

第六巻第三号　一九六三（昭和三八）年三月一日

表紙デザイン　粟津　潔　表紙

特集　虚構の意味
骨ぬきにするための術――アプローチの個有性について　和田　勉　4〜7
テレビ・ディレクターの主体性とは――現場からの近況報告　大山　勝美　8〜10
ヒポコンデリヤの論理　福本　安彦　11〜14
メガネと犯罪――ある鑑定書についてのノート　粕　三平　14〜17
新・三つの大罪　長野　千秋　18〜20
短篇映画評　「日本10ドル旅行」「ふくおか」　藤原　智子　21
長篇映画評　「史上最大の作戦」にことよせて　東　陽一　22〜23
シナリオ　「空気のなくなる日」　伊東寿恵男　24〜34
テレビ論壇4　「現実」との野合を排せ　根本　治郎　35〜36
ドキュメンタリー通信　37
編集手帖　N　38

第六巻第四号　一九六三（昭和三八）年四月一五日

表紙デザイン　粟津　潔
特集　映像表現と聴覚性
映像文化における視覚と聴覚　荻　昌弘　4〜6
「セリフ」小論　清水　邦夫　7〜9
古典的なかまえの中で　林　光　9〜11
音は如何に寄与すべきか　米長　寿　11〜13
テレビにおける音処理の問題　太地　恒夫　14
「資料研究会」ノート　ポーランド映画の背景
——その文化状況について（1）　粕　三平　15
メガネと犯罪——ある鑑定書について2　粕　三平　16〜19
インサイダー・ドキュメンタリー　大沼　鉄郎　20〜23
変質について——「天国と地獄」に関する、一
女子学生への手紙　東　陽一　24〜25
三才で死ぬのはなぜ可哀そうなのか——西武記
録映画を見る会・河野哲二作品集をみて
松尾　一郎　26〜27
ドキュメンタリー理論研究会報告　西　江　27
書評　形にならない形への模索——滝口修造著
『点』　松本　俊夫　28〜29
有在は有罪か——日本文化発祥異説　竹内　健　30〜33
映画批評とは何か？　山際　永三　34〜36
ドキュメンタリー通信　37
編集手帖　38

第六巻第五号　一九六三（昭和三八）年五月一五日

表紙デザイン　粟津　潔　表紙
特集　「非芸術」との対決
芸術と非芸術について——マス・コミュニケ
イションを中心に　中原　佑介　4〜6
改訂版あばんぎゃるど——いまやシュールリ
アリズムは退却すべきか　佐藤　重臣　7〜9
数理的なものと魔術的なもの　西江　孝之　10〜13
人工の眼——疎外の一側面　池田　元嘉　14〜16
家具としての映画——記念写真について

芸術上↑↓非芸術――ティンゲリーへの賛歌　飯村　隆彦　17〜19
ドキュメンタリィ理論研究会報告　池田　龍雄　19〜21
アニェス・ヴァルダとのインタヴュー　長野　千秋　13
ラシェル・ルフォール／厚木たか（訳）　22〜24
招待作品にみる新鮮な方法と独創的なイメージ　富沢　幸男　25
長編映画評　われわれはどこに戦後世代との接点を発見しうるか――「二十才の恋」その他　東　陽一　26〜27
短篇映画評　強烈な凝視―映像のもつ説得力――「ある機関助士」ほか　藤原　智子　28〜29
誤解するたのしみ――西武記録映画を見る会・楠木徳男作品集より　山元　敏之　30〜31
次号予告　31
運動の確認――大島渚・松本俊夫を中心に　荒井美三雄　32〜34
音・おと・オト――「エフエクト大革命」に関する一つの考察　大野　松雄　34〜36
ドキュメンタリー通信　37
編集手帖　N　38

第六巻第六号　一九六三（昭和三八）年七月一日

表紙デザイン　粟津　潔　表紙
特集　映画と宣伝
煽動精神を失ったPR映画　柾木　恭介　4〜6
芸術への回帰　持田　裕生　7〜9
佐々木守のPR映画論　佐々木　守　10〜13
やってしまうこと　粟津　潔　14〜17
ドキュメンタリー理論研究会報告四月例会　苗田　康夫　13
サラリーマン演出家という名の職種にあって僕らはテレビドラマをつくる　実相寺昭雄／村木良彦　18〜20
声明　記録映画作家協会運営委員会　21
長寿村でも生きられない――ルポ・若ものたちのいない村　杉原　せつ　22〜23
映像（イマージュ）と虚像（イマジネール）

――第3回フランス映画祭から　大島　辰雄　24〜25
映画サークル運動の十年（最終回）　山之内重己　26〜28
音・おと・オト（2）――「エフェクト大革命」
に関する一つの考察　大野　松雄　29〜31
いじわるじいさんポチ借りて――西武における
岩佐氏寿作品集をみて　平野　克己　32〜33
孤立感と冒険への切り込みの浅さ――「原野に
生きる」「小さな冒険旅行」から　藤原　智子　33〜35
作家は主題の中に安住できるか――「武士道残
酷物語」の主題と方法について　東　陽一　35〜36
ドキュメンタリー通信　37
編集手帖　N　38

第六巻第七号　一九六三（昭和三八）年八月一日

表紙デザイン　粟津　潔　表紙
レネエとの出会い――「去年マリエンバードで」
序文　アラン・ロブ・グリエ／大島辰雄（訳）　4〜9
戦後十八年　丸山　章治　10〜12
日本のカモメ　杉原　せつ　12〜15
情熱の記録　西江　孝之　16〜17
非政治主義の政治性　星山　圭　18〜20
漫談戦後芸術論　森　秀人　20〜22
企業とギャラと芸術と――運動の論理をめぐって
高瀬　昭治　23〜25
シナリオ（抜萃）　アラン・レネエ作品「世界
のすべての記憶」
アラン・レネエ／大島辰雄（訳編）　26〜27
長編映画時評　ノン・スーパーで見たフォルコ・
クイリチの「チコと鮫」　山中　恒　28〜29
短編映画時評　「ゼロの発見」「ある化学プラ
ントの記録」　藤原　智子　30〜31
書評　映画芸術の哲学へのアプローチ――浅沼
圭司著『映画美学入門』　大島　辰雄　32〜33
再び自主製作運動について　かんけ・まり　34
ドキュメンタリー理論研究会報告　宮井　陸郎　36
ドキュメンタリー通信　37
編集手帖　S　38

第六巻第八号　一九六三（昭和三八）年九月一日

表紙デザイン　粟津　潔　表紙

特集　現代映画作家論（I）——ドキュメンタリーとアバンギャルド

事実（ファクト）と虚構（フィクション）——ドキュメンタリーからフィクションへの道へ　大島　辰雄　4〜8

未来の人類も女からしか生まれないか——異説ルネ・クレマン論　小川　徹　10〜13

労働者の感情旅行——カレル・ライスにおける意識の把握　関根　弘　14〜17

超現実主義をいかに超克するか——ブニュエルの現実へのせまりかた　虫明亜呂無　17〜19

情況に変革的に関与する眼を——ロッセリーニのロゴスとパトス　大沼　鉄郎　20〜23

アパシーからの脱出は可能か——アントニオーニの映像空間　長野　千秋　24〜27

私はいまメチエに固執したいのだ——アラン・レネエが斉らしたもの　佐藤　重臣　28〜31

言い知れぬ重みをもった感動——「日本の夜明け」によせて　八幡　省三　32〜33

偽造された歴史——日本共産党四十周年記念映画「日本の夜明け」批判　松本　俊夫　34〜36

記録映画研究会報告　広瀬　涼二　36

ドキュメンタリー通信　37

編集手帖　N　38

第六巻第九号　一九六三（昭和三八）年一〇月一日

表紙デザイン　粟津　潔　表紙

マリエンバートの秘密　アラン・レネエ／大島辰雄（訳）　4〜7

特集　二十代からの発言

社会改良主義へのメス　根本　治郎　8〜10

かくて意識の透明性にぶつかる　宮井　陸郎　11〜13

通らねばならない道　高井　達人　14〜16

「エンジンのない自動車」を動かすことはできない——大衆へのすぐれたレポーターに

なるために　泉水　剛　17〜19
イマジネーションの欠如――雑用主義からの
自己解放　安井　治　20〜21
けい蒙の終りとはじまり　尾形　尚文　22〜24
実践者の発想の欠如　花松　正卜　24〜26
レネエの幾何学　O　15
声明　一日も早く祖国へ往き来する自由を！
記録映画作家協会運営委員会　19
ヨットは火の海に投げ込め――西武・大沼鉄郎
作品展から　野田　真吉　27
PR映画と「記録映画」作家　滝沢　林三　28〜31
シナリオ　「ババウオ」
サルバドール・ダリ／滝沢修造（訳）　32〜36・31
あたらしい批評活動と評価の基準を――教育映
画コンクールをめぐって　藤原　智子　37〜38
次号予告　37
お礼　38
もう一つの空間――ジャン・リュック・ゴダー
ル監督の「女と男のいる舗道」のことなど
松川八洲雄　39〜40
読者のみなさまへ　40
ドキュメンタリー通信　41
編集手帖　N　42

第六巻第一〇号　一九六三（昭和三八）年一一月一日

表紙デザイン　粟津　潔　表紙
特集　映画運動のゆくえ
運動の変革　松本　俊夫　4〜6
第三者的芸術　一柳　慧　7〜9
岩壁からの発想――プレ運動論　松川八洲雄　10〜12
連帯の彷徨　黒木　和雄　13〜14
芸術運動小集団の論理　大沼　鉄郎　15〜17
映画監督と作曲家の出会い――ソ連映画製作者
第一回大会によせて　監督のノートより
ア・カラノヴィチ　18〜22
次回予告　21
曲り角に来たテレビ企業　中島　竜美　23〜25
ブレヒトの方法・その異常化の効果――『演劇
論』について　野田　真吉　26〜27

アクロバット的横談縦談——小川徹の近作評論集をめぐる感想　玉井　五一　28〜30
再構成された世界のもつリアリティー——東京シネマ作品「生命誕生」から　辻　功　31
スクリーンを通りぬける蝉について——羽仁進監督「彼女と彼」のことなど　松川八洲雄　32〜33
東京オリンピック記録映画とスクリーン・クオーター問題　村尾　薫　34〜36
ドキュメンタリー理論研究会報告九月号例会　根本　治郎　35
キリンの斑点——シュールレアリスム的小品集　ルイス・ブニュエル／大島辰雄（訳）　37〜40
ドキュメンタリー通信　41
編集手帖　N　42

第七巻第一号　一九六四（昭和三九）年一月一日

表紙デザイン　粟津　潔　表紙
座談会　映画の未来は可能か——六三年度の芸術・思想状況をめぐって
武井昭夫／小川徹／針生一郎／大島渚／松本俊夫　4〜13
特集　現代映画作家論（Ⅱ）
否定から肯定へ——ベルイマン的世界の構造　浅沼　圭司　14〜18
感性の薄刃のこと・その他——トリュフォー覚え書　東　陽一　18〜21
誰かが如何に現実を再現するか——カワレロウィッチにおける人間性の回復　持田　裕生　22〜24
汝の顔を汝のヘドの海にせよ——ゴダール論ノート　野田　真吉　25〜27
長編映画評
生まれかわる状況——今村昌平作品をみて　関根　弘　28〜29
「にっぽん昆虫記」についての男性的反省　松川八洲雄　30〜31
短編映画評　絶望的なある感想——創造社製作「ある誕生」から　恩地日出夫　32〜33
拝啓イオネスコ様——ヒラメと赤蕪の普遍性

竹内　健　34〜37
反語の世界——とめとナナの転落と「生」　石崎浩一郎　38〜40
ドキュメンタリー通信　41
編集手帳　N　42

第七巻第二号　一九六四（昭和三九）年三月一日

表紙デザイン　粟津　潔　表紙
テレビ・ドキュメンタリー・シナリオ　「忘れられた皇軍」　大島　渚　4〜9
シナリオ　「忘れられた人々」
ルイス・ブニュエル／ルイス・アルコリサ　10〜28
ルイス・ブヌエル論　上——『映画におけるシュールレアリスム』第八章から
アド・キルー／大須賀武（訳）　29〜35
マリエンバートの三つの記号存在——記憶における現実態の代数
ガストン・ブーヌール／大島辰雄（訳）　36〜39
『記録映画』既刊目録　40

機関誌『記録映画』の発展のために——新年度の運動方針にもとづいて　徳永　瑞夫　41
編集手帳　野　田　42

『記録映画』復刻版と原本との対照表

復刻版巻	原本巻数	原本発行年月
第1巻	第1巻第1号（創刊号）～第2巻第5号	1958（昭和33）年6月～1959（昭和34）年5月
第2巻	第2巻第6号～第3巻第4号	1959（昭和34）年6月～1960（昭和35）年4月
第3巻	第3巻第5号～第4巻第3号	1960（昭和35）年5月～1961（昭和36）年3月
第4巻	第4巻第4号～第5巻第1号	1961（昭和36）年4月～1962（昭和37）年1月
第5巻	第5巻第2号～第6巻第1号	1962（昭和37）年2月～1963（昭和38）年1月
第6巻	第6巻第2号～第7巻第2号	1963（昭和38）年2月～1964（昭和39）年3月

解説執筆者紹介

阪本裕文（さかもと・ひろふみ）

一九七四年生まれ

現　在　稚内北星学園大学准教授

共　著　『メディアアートの世界　実験映像1960-2007』国書刊行会、二〇〇八年
『白昼夢　松本俊夫の世界』町立久万美術館、二〇一二年

佐藤　洋（さとう・よう）

一九八一年生まれ

現　在　共立女子大学非常勤講師　等

編　著　『映画学の道しるべ』（牧野守著）文生書院、二〇一一年

共　著　『日本のドキュメンタリー』5　資料編（佐藤忠男編）岩波書店、二〇一〇年
『日本映画は生きている』第三巻（吉見俊哉編）岩波書店、二〇一一年
『能勢克男における〝協同〟』同志社大学人文科学研究所、二〇一二年

復刻版　『記録映画』　第1回配本（第1〜第3巻・別冊1）

２０１５年12月15日　第１刷発行

揃定価（本体７５、０００円＋税）

別冊　ISBN 978-4-8350-7821-2

全４冊　分売不可　セットコード　ISBN 978-4-8350-7817-5

解　説　阪本裕文・佐藤　洋

発行者　細田哲史

発行所　不二出版　株式会社

東京都文京区向丘１—２—12

電　話　０３（３８１２）４４３３

ＦＡＸ　０３（３８１２）４４６４

振　替　００１６０—２—９４０８４

組版・印刷・製本／社会福祉法人埼玉福祉会

Ⅳ 索引

『記録映画』執筆者索引・凡例

一、本索引は配列を五十音順とし、外国人名も姓を基準とした。
一、表記は、巻数—号数—頁数の順とした。「創」は創刊号を示す。
一、〔　〕は編集部の補足であることを示す。

（編集部）

『記録映画』執筆者索引

《あ》

青木　敏　4-7-25
赤佐政治　4-3-32
浅井栄一（浅井）　1-4-36, 3-12-14, 4-1-23, 4-7-26, 4-11-12, 5-2-26
朝倉　摂　創-カット, 1-1-カット, 1-2-カット, 1-3-カット, 1-4-カット, 2-11-30, 4-5-11, 5-8-35
浅沼圭司　7-1-14
浅野　勲　3-9-34
浅野辰雄　4-3-33
浅野　翼　5-1-27
阿相謙二　5-3-20
足立興一　1-2-33
厚木たか　創-25, 1-1-23, 1-2-30, 1-3-16, 1-5-9, 2-3-9, 2-4-32, 2-6-28, 2-7-34, 2-8-14, 2-9-32, 2-12-31, 3-6-10, 4-5-29, 4-10-16, 4-10-32, 6-5-22
安部公房　3-7-4
安倍成男　4-3-32
阿部慎一　創-2
阿部　進　3-12-32, 4-3-26, 5-10-30, 6-2-29
阿部政雄　1-3-23
荒井英郎　2-2-37, 2-4-23, 3-5-9, 5-4-19
荒井浪速　3-10-31
荒井美三雄　6-5-32
有井　基　3-9-25
アルコリサ, ルイス　7-2-10
粟津　潔　1-2-カット, 1-3-カット, 1-4-カット, 4-6-表紙, 4-7-表紙, 4-8-表紙, 4-9-表紙, 4-10-表紙, 4-11-表紙, 4-12-表紙, 5-1-表紙, 5-2-表紙, 5-3-表紙, 5-4-表紙, 5-5-表紙, 5-6-表紙, 5-7-表紙, 5-8-表紙, 5-9-表紙, 5-10-表紙, 5-11-表紙, 6-1-表紙, 6-2-表紙, 6-3-表紙, 6-4-表紙, 6-5-表紙, 6-6-表紙, 6-6-14, 6-7-表紙, 6-8-表紙, 6-9-表紙, 6-10-表紙, 7-1-表紙, 7-2-表紙
い→岩佐氏寿
飯島耕一　4-8-10
飯田勢一郎　4-3-33
飯村隆彦　4-3-33, 4-7-18, 5-3-33, 6-5-17
イヴェンス, ヨーリス（イヴェンス, ヨリス）　2-9-16, 4-7-35
庵原和夫　5-7-20
池田龍雄　3-2-11, 4-1-4, 4-6-9, 4-8-3, 5-2-10, 6-5-19
池田元嘉　5-4-13, 6-5-14
石川逸子　5-9-3
石子順造　2-6-9, 4-4-14, 4-9-20
石崎浩一郎　7-1-38
石島晴夫　4-8-14
石田　修　2-5-15, 3-5-9
石田　厳　4-3-33
石堂淑朗　3-12-23, 4-3-18, 4-12-39
石本統吉　2-1-6
磯崎　新　6-1-16
一柳　慧　6-10-7
伊藤俊也　5-3-16
伊東寿恵男　5-10-18, 6-3-24
稲葉三千男　3-5-4
乾　孝　2-4-4
茨木のり子　5-4-(3)
入江一彰　1-4-38
入江勝也　1-1-23
岩佐氏寿（岩佐、い）　創-11, 創-12, 創-32, 1-1-5, 1-1-38, 1-2-25, 1-2-35, 1-2-38, 1-2-カット, 1-3-31, 1-4-12, 1-5-34, 2-1-38, 2-2-6, 2-3-26, 2-4-8, 2-4-38, 2-6-23, 2-6-38, 2-12-9, 2-12-35, 3-1-23, 3-5-37, 3-10-23, 3-11-38, 3-12-27, 4-1-23, 4-1-38, 4-10-27, 4-12-28, 5-3-8, 5-4-10
岩佐寿弥　4-12-21

岩崎　昶　2-11-14, 2-12-23, 3-1-4, 3-3-23, 3-4-23
岩崎太郎　1-3-38, 2-3-34, 4-3-33
岩田　宏　5-7-3
イワノワ，ゲ　創-28
岩淵正嘉　1-4-34, 2-5-34, 5-3-38, 5-4-36
岩堀喜久男　1-1-23, 2-5-36, 3-1-6, 3-5-9, 4-8-38
上野耕三　1-5-8
ウェルトフ，ヂガ　4-5-34
牛山純一　4-2-12
内田栄一　4-3-20
内田岐三雄　5-8-4
海貝英子　創-12
梅田克己　2-2-6
瓜生忠夫　2-11-4
S　4-5-40, 6-7-38
江藤文夫　4-5-6, 4-9-22, 5-5-10
N→野田真吉
榎本利男　3-5-38
江原　順　4-6-3
M　5-2-42, 5-4-42, 5-9-38, 5-10-40
エリュアール，ポール（エリュアール，ポオル）　4-6-3, 4-11-26
O　6-9-15
大川信明　6-2-7
大久保正太郎　創-12
大久保信哉　1-5-27
大島辰雄（大島）　1-4-7, 1-4-16, 1-5-23, 2-1-14, 2-2-6, 2-2-28, 2-3-32, 2-4-14, 2-5-23, 2-8-24, 2-8-37, 2-9-16, 2-10-37, 2-11-26, 3-6-6, 3-8-36, 3-11-31, 3-11-37, 4-1-23, 4-3-32, 4-4-35, 4-7-14, 4-9-21, 4-10-20, 4-10-36, 4-11-26, 4-12-25, 5-6-4, 5-10-26, 6-1-28, 6-2-27, 6-6-24, 6-7-4, 6-7-26, 6-7-32, 6-8-4, 6-9-4, 6-10-37, 7-2-36
大島　渚　3-1-23, 3-5-26, 3-11-6, 4-3-7, 5-3-14, 5-8-26, 6-1-4, 7-1-4, 7-2-4
大島正明　2-6-17, 2-11-14, 2-12-23, 3-4-29, 4-6-46
大須賀武　7-2-29
大沼鉄郎（大沼）　1-4-38, 1-5-16, 2-3-6, 2-5-6, 2-5-38, 2-6-30, 2-8-23, 2-8-24, 2-8-32, 2-9-38, 3-5-23, 3-8-34, 4-8-19, 4-11-9, 5-3-26, 5-5-37, 5-6-24, 5-6-36, 5-7-38, 5-9-32, 5-11-13, 6-4-20, 6-8-20, 6-10-15
大野孝悦　4-3-33
大野　進　5-5-28
大野松雄　6-5-34, 6-6-29
大藤信郎　1-3-24
大峰　晴　2-11-36
大矢恒子　2-2-32
大山勝美　6-3-8
小笠原基生　1-3-32, 1-4-28, 1-5-32, 2-1-32, 2-2-34, 2-3-30, 4-7-6
岡田　晋　3-7-8, 4-9-12
岡田桑三　1-1-9, 1-5-30
尾形尚文　6-9-22
岡田好枝　創-12
岡本昌雄（岡本）　1-2-26, 1-3-24, 1-4-38, 1-5-27, 2-2-30, 2-3-37, 2-4-7, 2-7-12, 2-7-26, 4-3-32, 5-7-14
岡本愛彦　4-4-20
小川紳介　2-2-6
小川　徹　4-4-18, 4-5-20, 4-6-34, 5-11-4, 6-8-10, 7-1-4
荻　昌弘　6-4-4
奥山大三郎　4-12-19
奥山大六郎　1-2-9
小倉真美　5-1-22
尾崎宏次　3-10-29
長田和雄　5-8-8
小沢敏夫　4-9-16
小津淳三　2-2-6, 3-2-37
小野善雄　2-1-36, 2-11-6
恩地日出夫　3-9-23, 7-1-32

《か》

各務　宏　3-7-30, 3-8-23, 3-9-31, 3-10-36, 3-11-34, 4-1-15, 4-2-23

柿原黎子　4-10-26
梶　勲　4-10-38, 4-11-28
粕　三平　3-1-28, 3-3-23, 3-4-23, 3-8-28, 3-11-6, 4-1-12, 5-5-30, 5-6-32, 6-3-14, 6-4-15, 6-4-16
加瀬昌男　3-9-16
片山茂樹　5-4-18
勝田光俊　創-32
且原純夫　3-2-14
加藤公彦　3-1-37
加藤松三郎　1-3-12, 2-7-36, 4-9-25
加納竜一　1-4-30, 2-2-26, 3-5-9, 4-12-7, 5-2-30
樺島清一　3-4-12
亀井文夫　1-5-6, 2-1-23
カラノヴィチ, ア　6-10-18
川尻泰司　1-1-14
河内　紀　4-9-19
川名次雄　1-3-34, 1-4-37, 2-2-6
川本博康　1-3-30, 2-6-34, 2-11-23
菅　忠道　創-12
康《カン》敏《ミン》星《ソン》　4-6-3, 4-11-30, 4-12-33
菅家陳彦　2-3-37, 3-2-13, 3-10-29
かんけ・まり　創-12, 2-3-18, 2-7-30, 6-7-34
神田貞三　3-4-9, 3-12-25
神原照夫　2-5-37, 2-10-12
木崎敬一郎　3-7-14, 5-1-24, 5-5-18
北川鉄夫　3-3-23, 3-4-23
城戸昌夫　6-1-28
木村　晃　4-12-36
木村荘十二　1-3-9, 1-5-27
教育映画作家協会　創-1, 2-1-13
教育映画作家協会運営委員会　1-5-9, 3-7-3
京極高英　1-2-17, 1-2-23, 2-2-6, 2-8-8, 3-1-9, 3-2-30, 3-5-17, 3-7-37, 3-10-23, 4-3-33, 4-7-18, 4-8-18, 4-11-7, 5-3-8
キルー, アド　7-2-29
記録映画作家協会　4-6-40
記録映画作家協会運営委員会　4-8-29, 6-6-21, 6-9-19
『記録映画』編集委員会　4-8-29
櫛野義明　6-2-17
楠木徳男　創-32, 1-3-28, 2-3-37, 2-9-25, 4-3-32, 5-4-21, 5-6-24, 5-11-30, 6-1-24
久保田義久　1-2-17, 1-3-38, 2-1-38, 4-3-32
クラカウア, ジーグフリード　3-1-32, 3-2-28, 3-3-34, 3-4-34, 3-5-16, 3-7-30, 3-8-23, 3-9-31, 3-10-36, 3-11-34, 4-1-15, 4-2-23
九里洋二　5-7-26
栗山富郎　2-11-34, 4-12-7
黒木和雄　1-5-27, 2-9-37, 3-11-10, 4-3-33, 4-4-23, 4-10-10, 5-3-10, 5-6-14, 5-6-24, 5-9-4, 5-9-19, 5-11-16, 6-10-13
黒田喜夫　5-5-(3)
桑島　達　4-1-23
桑野　茂　創-20, 1-1-23, 2-3-12, 2-8-10
ケイロル, ジャン　4-10-20
小泉　堯　創-30
康　浩郎　3-1-12, 4-1-11, 4-3-32, 4-7-18, 5-5-16
河野哲二　創-32, 1-4-7, 1-4-32, 2-2-6, 2-2-30, 2-10-7, 2-11-29, 3-3-10
小島義史　1-1-12
小林祥一郎　4-12-4
小林　勝　5-4-7
小森静男　3-3-23, 3-4-23
小谷田亘　1-1-23, 4-3-33
近藤才司　4-3-33
権藤貞治　5-7-34

《さ》

斉藤宗武　5-8-15
坂斎小一郎　1-2-37, 4-1-23
坂田邦臣　1-4-7
佐木秋夫　創-12
佐々木基一　2-9-4, 3-6-33, 3-7-23, 4-7-4
佐々木守　2-9-36, 3-11-18, 4-3-34, 4-7-18, 5-2-7, 5-6-16, 5-9-34, 5-10-9, 6-1-4, 6-6-10
定村忠士　3-11-25, 4-3-10

佐藤　昭　4-7-12
佐藤　巍　5-6-22
佐藤重臣　5-6-11, 6-5-7, 6-8-28
佐藤忠男　2-6-4, 3-8-4, 4-3-34, 5-1-20
佐野美津男　2-4-29, 2-9-14, 3-5-29, 3-6-23, 3-10-34, 4-1-32, 4-2-30, 4-4-28, 4-5-8, 4-11-24, 5-3-32
サルトル，Ｊ・Ｐ　4-7-3
Ｃ・Ｕ　5-3-42
塩見鮮一郎　5-5-38
重松敬一　2-4-23
実相寺昭雄　6-6-18
篠遠允彦　5-9-30
篠原央憲　4-9-18
榛葉豊明　1-1-23, 2-1-38
渋沢龍彦　4-6-6
島谷陽一郎　創-32, 1-4-35, 4-3-33, 4-7-30, 4-8-28, 4-10-34, 4-11-36
清水邦夫　5-8-16, 6-4-7
清水幸子　3-9-38, 4-7-18
白井　茂　2-6-23
白坂依志夫　4-8-7, 5-1-18
神馬亥佐雄　4-10-24
須川栄三　5-10-29
菅原克己　5-11-3
杉原せつ　1-4-38, 1-5-36, 2-3-16, 2-3-37, 2-9-35, 5-7-18, 5-9-35, 6-6-22, 6-7-12
杉山正美　創-31, 2-3-28, 2-5-6, 2-8-37, 2-9-28, 3-1-16, 3-8-36, 4-3-32, 4-6-38, 4-11-19, 5-6-24
鈴木喜代治　4-12-17
鈴木喜代春　2-4-12
鈴木幹人　創-12, 2-1-30
諏訪　淳　4-3-32
瀬川昌昭　3-11-28
瀬木慎一　2-7-4
関根　弘　2-5-4, 2-10-30, 3-6-33, 3-7-23, 3-9-4, 4-2-32, 4-3-4, 5-1-3, 5-5-4, 5-7-26, 6-8-14, 7-1-28
泉水　剛　6-9-17
曾木耕一　3-9-13

《た》

太地恒夫　6-4-14
高井達人　6-9-14
高垣礼二郎　5-1-29
高倉光夫→山際永三
高桑康雄　2-4-16
高島一男　1-3-4, 1-4-7, 2-7-37, 2-8-15, 2-8-24, 3-5-34
高瀬昭治　3-8-5, 3-12-16, 5-6-20, 6-7-23
高綱則之　1-5-27
高橋智江　1-2-17
高橋秀昌（田島浩）　4-6-27, 4-7-26, 4-8-29, 4-10-37
高林陽一　4-8-35, 4-12-20, 6-2-12
滝口修造　6-9-32
滝沢林三　6-9-28
武井昭夫　2-8-4, 3-6-33, 3-7-23, 5-10-4, 7-1-4
竹内　健　6-4-30, 7-1-34
竹内信次　4-7-28, 4-11-14
竹内敏晴　5-1-12
竹内　実　4-2-6, 5-1-31, 5-5-7
武満　徹　4-7-30
田島　浩→高橋秀昌
田中　徹　2-4-23, 4-5-24
田中ひろし　1-2-11
田中　実　1-2-37
田中弥壮　1-4-カット
谷川（谷）→谷川義雄
谷川　雁　5-2-4
谷川俊太郎　5-2-3, 5-7-22, 6-1-28
谷川義雄（谷川、谷）　創-19, 創-12, 1-4-7, 2-2-11, 2-2-38, 2-4-36, 2-5-6, 2-5-35, 2-5-38, 3-2-12, 4-3-32, 4-9-10
谷口正元　5-7-36
田畑正一　2-12-34, 3-11-15, 4-4-25
田畑　正　4-8-22
田原茂行　3-10-6
Ｗ　4-10-14

玉井五一　2-5-28, 2-11-25, 3-6-4, 4-4-6, 6-10-28
田村　孟　4-1-30, 6-1-4
ダリ，サルバドール　5-8-4, 6-9-32
タルデュウ，ジャン　4-8-3
辻　功　6-10-31
T　4-7-40, 4-9-29
テープリッツ，イェジー　4-11-30, 4-12-33
勅使河原宏　3-7-12
寺沢　建　1-5-38
寺山修司　4-6-18, 5-1-6, 5-6-3, 5-6-8, 6-2-4
東松照明　4-7-表紙, 4-8-表紙, 4-9-表紙, 4-10-表紙, 4-11-表紙, 4-12-表紙, 5-1-表紙, 5-2-表紙, 5-3-表紙, 5-4-表紙, 5-5-表紙, 5-6-表紙, 5-7-表紙, 5-8-表紙, 5-9-表紙, 5-10-表紙, 5-11-表紙, 6-1-28
時枝俊江　2-2-15
時実象平　創-24
徳永瑞夫　1-1-23, 2-10-16, 3-2-30, 4-1-23, 4-8-30, 4-8-34, 4-9-30, 5-11-24, 6-1-28, 7-2-41
富岡　捷　1-3-31, 2-1-38
富沢幸男　2-8-18, 3-10-23, 4-12-7, 5-11-24, 6-5-25
豊田敬太　1-1-16, 1-1-23, 1-3-38, 2-4-23, 4-3-32

《な》

苗田康夫　1-1-16, 2-3-29, 2-7-31, 2-11-33, 3-7-33, 4-5-38, 4-11-33, 5-10-25, 6-1-20, 6-6-13
長井泰治　1-4-33, 5-7-7
永岡秀子　2-11-8, 3-7-36
中川信夫　3-10-16
中沢克也　1-3-37
中島竜美　6-10-23
永島利明　3-8-10
中島日出夫　1-1-23
永富映次郎　1-1-23, 1-3-38, 1-4-38, 1-5-27, 2-1-38, 2-3-35, 2-3-37
長沼宗裕　5-2-24
長野千秋（長野）　2-1-23, 2-7-12, 2-11-24, 2-12-23, 3-3-6, 3-3-23, 3-4-23, 3-10-14, 4-2-17, 4-3-24, 4-3-32, 4-4-30, 4-7-38, 4-8-26, 4-9-36, 4-10-12, 4-11-29, 5-2-36, 5-9-9, 6-3-18, 6-5-13, 6-8-24
永原幸男　1-5-28
仲原湧作　1-3-38
中原佑介　3-2-4, 5-7-4, 6-5-4
中村利一　2-5-6, 2-10-14
中村雄二郎　4-6-4
並木普作　2-11-14, 2-12-23
成島東一郎　4-10-17
二木宏二　3-1-32, 3-2-28, 3-3-34, 3-4-34, 3-5-16
西江孝之（西江）　2-12-11, 3-1-35, 4-6-22, 4-12-31, 5-3-29, 5-11-18, 6-4-27, 6-5-10, 6-7-16
西尾善介　1-1-23, 1-2-12, 1-3-38, 2-3-37, 3-1-30, 4-6-42, 4-7-32, 5-5-23
西沢　豪　2-2-6, 2-6-36
西田真佐雄　2-3-37, 2-12-36, 3-5-33, 3-9-37
西村政明　3-8-16
西本祥子　1-4-7, 2-1-16, 2-6-33, 3-3-31, 3-5-9, 3-10-30, 3-11-12, 4-12-37, 5-6-24, 6-1-28
根本治郎　5-2-39, 5-4-32, 5-10-25, 5-11-22, 6-1-35, 6-2-22, 6-3-35, 6-9-8, 6-10-35
野田真吉（野田、N、野、ＮＯＳＡ）　創-5, 創-30, 1-1-23, 1-1-25, 1-4-4, 1-4-7, 1-5-11, 1-5-14, 1-5-27, 2-1-8, 2-2-23, 2-3-32, 2-5-6, 2-5-30, 2-7-28, 2-7-38, 2-8-38, 2-10-10, 2-11-11, 2-11-14, 2-12-23, 2-12-38, 3-1-23, 3-2-23, 3-2-38, 3-3-23, 3-3-38, 3-4-23, 3-5-33, 3-6-29, 3-6-33, 3-6-37, 3-7-4, 3-7-23, 3-7-38, 3-8-38, 3-9-38, 3-10-10, 3-12-38, 4-1-23, 4-2-20, 4-2-38, 4-3-25, 4-3-32, 4-3-34, 4-3-42, 4-4-42, 4-9-4, 4-11-42, 4-12-7,

4-12-42, 5-1-42, 5-2-13, 5-3-8, 5-5-42, 5-6-42, 5-7-42, 5-10-20, 5-11-8, 5-11-38, 6-1-38, 6-2-38, 6-3-38, 6-5-38, 6-6-38, 6-8-38, 6-9-27, 6-9-42, 6-10-26, 6-10-42, 7-1-25, 7-1-42, 7-2-42
能登節雄　1-2-17, 1-4-38, 2-3-37, 2-11-14, 2-12-23, 5-11-27
野間　宏　5-1-4
野村　修　4-9-15

《は》

ハオ・ハン　1-3-37
橋本洋二　3-9-8
長谷川龍生　2-2-4, 3-4-4, 5-3-8, 5-10-3
秦　康夫　3-5-36, 4-9-38
花田清輝　2-3-4, 3-11-4, 4-10-4
花松正ト　2-2-6, 2-2-17, 2-3-23, 2-3-37, 2-9-8, 3-12-10, 4-5-14, 5-10-32, 6-9-24
花谷晃至　2-12-28
羽仁　進　2-1-12, 3-4-14, 4-11-11, 5-3-13
羽田澄子　1-2-17, 2-1-17, 3-3-13
林　吾郎　5-9-14
林　光　5-1-10, 6-4-9
林田重男　2-6-23, 2-8-37
針生一郎　2-10-4, 5-3-4, 7-1-4
東　陽一　4-4-12, 6-1-28, 6-2-18, 6-3-22, 6-4-24, 6-5-26, 6-6-35, 7-1-18
日下野叔子　4-3-23
樋口源一郎　2-2-36, 2-6-35
久松　公　4-7-35
土方敬太　4-5-34
日高　昭　創-32, 2-7-33, 3-12-29
平田繁次　1-3-38
平田清耕　3-5-32
平野克己　2-7-23, 3-9-35, 4-3-33, 5-4-26, 5-6-23, 6-2-14, 6-6-32
広木正幹　5-2-34
広瀬涼二　6-8-36
広田　広　4-6-30
ブーヌール，ガストン　7-2-36
深江正彦　創-32, 1-3-38, 2-1-34, 2-3-37
福島辰夫　4-3-12, 4-4-9
福田善之　4-8-12
福田蓼汀　1-2-12
福本安彦　5-2-16, 6-3-11
冨士田元彦　3-8-12
藤久真彦〔三神真彦〕　4-2-9
藤原富造　1-2-34
藤原智子　創-25, 1-1-23, 1-5-37, 2-3-17, 3-7-34, 4-3-32, 4-5-18, 5-6-24, 5-11-32, 6-3-21, 6-5-28, 6-6-33, 6-7-30, 6-9-37
ブニュエル，ルイス　4-8-34, 5-8-4, 6-10-37, 7-2-10
ブランカ，レモ　1-2-11
古川良範　1-5-16, 2-3-37, 3-3-16, 3-3-23, 3-4-23, 5-9-26
古田足日　2-6-14
編集部　創-25, 1-1-15, 1-1-23, 1-2-12, 1-3-9, 1-3-38, 4-6-17, 4-7-34, 4-8-28, 4-9-10, 4-9-21, 4-10-26, 5-2-15, 5-2-25, 5-9-18
星山　圭　6-7-18
堀　章男　1-3-30
堀　賢次　4-9-26
ホルジェイシュ，ヤン　4-10-32

《ま》

前田庸言　3-4-37
槙　英輔　1-3-6, 1-4-26
柾木恭介　2-1-4, 2-8-24, 2-12-4, 3-3-4, 3-6-33, 3-7-23, 4-2-4, 5-3-13, 5-4-4, 5-10-34, 6-6-4
松尾一郎　3-7-35, 5-4-34, 5-6-24, 6-4-26
松岡新也　1-1-17
松川八洲雄　2-12-6, 3-8-26, 4-1-7, 4-3-33, 4-5-39, 4-6-20, 4-11-15, 5-4-24, 6-2-31, 6-9-39, 6-10-10, 6-10-32, 7-1-30
松田道雄　4-7-27

松本俊夫（松本）　創-6, 創-32, 1-1-24, 1-3-38, 1-5-4, 1-5-38, 2-1-23, 2-2-32, 2-6-6, 2-8-24, 2-8-34, 2-10-30, 2-10-38, 3-1-23, 3-2-6, 3-5-33, 3-6-12, 3-6-33, 3-7-23, 3-9-28, 3-12-6, 4-3-15, 4-3-32, 4-11-21, 5-2-19, 5-8-10, 5-10-14, 6-4-28, 6-8-34, 6-10-4, 7-1-4
真鍋呉夫　4-5-4
真鍋　博　4-2-32, 5-3-8, 5-7-22
間宮則夫　1-2-38, 2-4-37, 2-12-14, 3-1-15, 3-2-16, 4-3-32, 4-9-39, 5-10-12, 6-2-24
丸山章治（丸山）　1-2-17, 1-5-27, 1-5-38, 2-1-38, 2-3-37, 2-4-6, 2-5-12, 2-12-16, 3-8-8, 4-3-33, 4-4-40, 4-9-37, 4-10-7, 5-2-31, 5-3-13, 5-3-24, 5-9-26, 5-10-37, 6-7-10
三上　章　4-3-32, 5-5-22
水木荘也　1-5-7
水野　肇　1-3-32, 1-4-28, 1-5-32, 2-1-32, 2-2-34, 2-3-30, 3-9-10
道林一郎　1-4-14, 3-3-15
宮井陸郎　6-7-36, 6-9-11
宮崎明子　3-9-36, 4-3-32
宮崎　彰　1-4-7
宮永次雄　4-12-12
宮本正名　創-8
虫明亜呂無　6-8-17
村井米子　1-2-12
村尾　薫　4-12-15, 6-10-34
村木良彦　6-6-18
村田達二　1-1-23, 2-3-37
村山新治　3-1-23
持田裕生　4-3-32, 5-9-11, 6-2-26, 6-6-7, 7-1-22
望月武夫　4-12-12
物江竜慶　4-12-24
森　和子　創-12
森　貞夫　1-3-23
森　秀人　6-7-20
森川英太朗　6-1-4
森本和夫　4-8-4
森谷　巌　3-10-18, 4-7-39
諸岡青人　4-3-32
諸橋　一　4-3-32

《や》

八木仁平　創-32, 1-5-27, 2-9-23
八木　進　2-1-34
安井　治　6-9-20
柳田　守　2-7-32
柳原良平　5-7-12
八幡省三　1-4-7, 3-2-10, 3-4-36, 3-12-36, 6-8-32
藪下泰司　1-3-24
矢部正男　2-3-10, 2-5-6, 2-7-12, 2-12-27, 3-7-10, 3-10-32
山→山之内重己
山内達一　2-4-34
山形雄策〔町田敬一郎〕　4-3-34
山岸一章　1-2-34, 1-4-7, 2-5-10, 2-12-23
山際永三（高倉光夫）　2-10-23, 3-2-36, 3-7-16, 4-1-23, 5-1-14, 5-5-13, 5-9-6, 6-4-34
山口勝弘　4-6-12, 6-1-14
山口健二　5-4-29
山口淳子　2-1-18, 2-12-37
山口義夫　3-10-32
山下菊二　4-9-17
山田和夫　2-4-35, 2-10-26, 3-4-6
山田三吉　3-3-23, 3-4-23
山田宗睦　4-7-9
山中　恒　6-7-28
山之内重己（山之内、山）　1-3-38, 2-5-27, 2-8-32, 3-8-35, 4-1-23, 4-4-41, 4-6-47, 4-8-39, 4-10-30, 5-1-37, 5-2-33, 5-2-36, 5-2-37, 5-3-35, 5-4-39, 5-5-35, 5-6-38, 5-10-35, 5-11-34, 6-2-34, 6-6-26
山本善次郎　1-3-24
山本竹良　1-4-38
山本太郎　5-8-3
山元敏之　4-3-32, 6-5-30

山家和子　創-12, 1-4-24
湯浅譲二　3-6-25, 6-2-10
吉井　忠　5-1-8
吉川　透　2-1-37
吉田直哉　3-9-6
吉田喜重　3-6-17, 3-12-4, 4-6-16, 4-9-36
吉田六郎　2-7-12
吉野　弘　5-3-3
吉原順平　2-7-8, 2-7-12, 4-8-24
吉見　泰（吉見）　創-3, 創-12, 1-1-4, 1-1-11, 1-2-4, 1-2-28, 1-4-7, 1-5-15, 2-2-16, 2-3-37, 2-3-38, 2-4-23, 2-5-17, 2-7-12, 2-9-6, 2-11-14, 2-11-31, 2-12-23, 3-1-11, 3-1-36, 3-4-38, 3-5-6, 3-5-9, 4-1-36, 4-2-14, 4-4-32, 4-5-30, 4-9-13, 4-11-17, 5-3-8, 5-4-14, 5-8-20
吉村徳蔵　4-2-28
吉本隆明　4-11-4
米長　寿　3-8-17, 3-11-23, 6-4-11

《ら》

ラバルト，アンドレ・S　4-4-35
ランボオ，A（ランボオ）　4-10-3, 4-12-3
リエラ，エミリオ・ガルシア　4-8-30, 4-9-30
ルフォール，ラシェル　6-5-22
レズワルシュ，デオ　5-2-24
レネエ，アラン　1-5-23, 6-7-26, 6-9-4
魯　迅　4-9-3
ローサ，ポール　2-4-32, 2-6-28, 2-7-34, 2-9-32, 2-12-31
ロード，シンクレア　2-4-32, 2-6-28, 2-7-34, 2-9-32, 2-12-31
ロブ・グリエ，アラン　6-7-4
Lorca，F・G　4-11-3

《わ》

わ　6-1-19
Y　5-4-35
若林　理　2-5-6
早稲田大学稲門シナリオ研究会　4-3-29
和田　勉　3-10-4, 4-4-4, 5-1-16, 6-3-4
渡辺広士　4-5-26
渡辺正己　1-1-6, 2-1-23, 2-3-37, 2-7-6, 2-12-29, 3-4-31, 4-8-36, 4-9-7
渡辺泰雄　5-9-12
ワット，ハリー　5-8-8